H. Georgi   T. Levold   E. Wedekind

Familientherapie

Was sie kann,
wie sie wirkt und
wem sie hilft.

Die Deutsche Bibliothek - CIP-Einheitsaufnahme

Georgi, Hans:
Familientherapie : was sie kann, wie sie wirkt und wem sie hilft / H. Georgi ; T. Levold ; E. Wedekind. - 2. Aufl. - Mannheim : PAL, 1992
  (Therapieverfahren unserer Zeit)
  ISBN 3-923614-38-1
NE: Levold, Tom:; Wedekind, Erhard:

© PAL Verlagsgesellschaft Mannheim 1990
Alle Rechte vorbehalten
Herstellung: C. Bockfeld, Neustadt

Inhaltsverzeichnis

Einleitung 7

1. Warum die Familie für jeden wichtig ist . . . 11
2. Wie Gespräche mit der Familie hilfreich sein können 22
3. Einwegscheibe, Videotechnik und Fragen: das merkwürdige Inventar der Familientherapie 31
4. Kinder als Elternberater 45
5. Wenn Ablösungsversuche immer wieder scheitern 55
6. Es muß nicht immer Trennung sein 64
7. Wenn die Kinder aus dem Haus sind: die Paarbeziehung im Alter 76
8. Familien und Therapeuten sind nicht alleine: Die Helfer und ihre Institutionen 91
9. Kosten, Kassen und Adressen 105

Literaturempfehlungen 113

Einleitung

Auf die Anfrage des Verlages hin, ob wir die Arbeit von Familientherapeuten allgemeinverständlich beschreiben wollten, griffen wir ein bei uns schon länger bestehendes Anliegen auf. So weit wir wissen, fehlt es innerhalb der vorliegenden Literatur zum Thema Familientherapie an Orientierungshilfen für Interessierte, die sich erstmalig damit auseinandersetzen wollen, ohne sich gleich in eine komplizierte Fachsprache einarbeiten zu müssen. Ihre Gründe können dabei ganz unterschiedlicher Art sein. Einige mögen überlegen, ob sie selbst professionelle Hilfe in Anspruch nehmen wollen, andere sind aufgrund ihrer beruflichen Tätigkeit als Seelsorger, Ärzte, Sozialarbeiter, Erzieher oder Juristen häufig vor das Problem gestellt, Betroffenen angemessene therapeutische Hilfen empfehlen zu müssen. Wieder andere suchen eine für sie passende berufliche Weiterbildungsmöglichkeit.

Das vorliegende Buch ist als eine Art Kompaß für diesen Benutzerkreis gedacht. Ein solcher Kompaß erscheint uns nötig, weil sich die „Landkarten" der Familientherapie, d.h. die Art, wie Familientherapeuten Probleme verstehen, in den vergangenen 15 Jahren sehr verändert und erweitert haben. Der Familientherapie wird man nicht mehr gerecht, indem man sie nur als ein spezielles Therapieverfahren unter vielen ansieht. Dahinter steckt ein grundlegend verändertes Verständnis des Einzelnen im System seiner zwischenmenschlichen Beziehungen, das nicht nur zu einer erfolgreichen Methode in der Behandlung auch schwerster Störungen wie Magersucht, Psychose und Dissozialität geworden ist, sondern auch zunehmend Eingang in die Beratungskonzepte für Institutionen und Unternehmen gefunden hat.

Manche familientherapeutische Vorgehensweisen erscheinen auf den ersten Blick verblüffend einfach. Dennoch handelt es sich um ein sehr anspruchsvolles Verfahren, das eine langjährige Ausbildung und Selbsterfahrung der Therapeuten voraussetzt. Die bloße Einbeziehung von Angehörigen in Gespräche ist noch keine Familientherapie.

Wir laden Sie ein, uns bei unserer Arbeit über die Schulter zu schauen und sich der Familientherapie auf diese Weise Schritt für Schritt anzunähern. Zu Anfang sind dennoch einige theoretische Überlegungen notwendig, die unsere Arbeitsweise verständlich machen.

In *Kapitel 1* erläutern wir unser Verständnis von Bindungen in der Familie. Familiäre Probleme sollten unserer Ansicht nach weniger als Mängel oder Versagen verstanden werden, sondern eher als familienspezifische Lösungsversuche. Im 2. *Kapitel* wird deutlich gemacht, daß eine solche Sichtweise den Therapeuten wie den Familien erlaubt, bislang verdeckte Möglichkeiten zu entdecken und kreativ zu nutzen.

Dabei bedienen sich die Familientherapeuten zuweilen merkwürdig erscheinender Hilfsmittel wie Videoaufnahmen und Einwegscheibe, die sie im Team nutzen. Wie und warum dies geschieht, wird in *Kapitel 3* erklärt.

Mit den Fallbeispielen in Kapitel 4 bis 7 folgen wir dem familiären Entwicklungsprozeß von der Kindheit bis zur Zweisamkeit im Alter. In *Kapitel 4* lernen Sie einen stark beanspruchten „Elternberater" im Alter von 7 Jahren kennen, den wir durch eine gezielte Kündigung arbeitslos machen. *Kapitel 5* zeigt, wie der Wunsch, aus der Ursprungsfamilie auszubrechen, über vier Generationen auf die gleiche leidvolle Art und Weise umgesetzt wird, ohne daß es zu einer wirklichen Ablösung von der Familientradition kommt. Wie in einer Ehekrise die Realität des Zusammenlebens mit den Erwartungen an den Ehepartner in Konflikt geraten, beschreiben wir in *Kapitel 6*. *Kapitel 7* schildert den mühseligen Weg eines älteren Ehepaares, sein erwachsenes Problemkind loszulassen und seine eigene Situation im Alter noch einmal neu zu gestalten.

Diese Fallbeschreibungen haben wir nicht nur ausgewählt, um familiäre Probleme in unterschiedlichen Lebensphasen zu verdeutlichen, sondern auch, um den Einsatz besonderer Techniken anschaulich zu machen. Alle Namen und persönlichen Daten der vorgestellten Familien haben wir so verändert, daß die Anonymität gewahrt bleibt.

Familien und ihre Therapeuten sind aber nicht allein. Die Gespräche finden häufig in einer Institution statt, wie z.B. einer Beratungsstelle, oft sind andere professionelle Helfer beteiligt. Um die Schwierigkeiten, die daraus erwachsen können, dreht sich das *8. Kapitel*.

Im *9. Kapitel* finden sich praktische Hinweise für die Suche nach einem Familientherapieplatz. Dabei beschäftigen wir uns auch mit der Frage nach den Gütemerkmalen von Familientherapeuten und geben Informationen zur Ausbildung in Familientherapie. Literaturhinweise schließen dieses Buch ab.

– 1 –
Warum die Familie für jeden wichtig ist

Angesichts der Vielfalt zwischenmenschlicher Lebensformen stellt sich die Frage, ob der Begriff „Familientherapie" überhaupt Auskunft darüber gibt, für wen diese Therapieform hilfreich sein kann. Wir wollen an dieser Stelle einige Therapieanfragen schildern.

- Eltern, die drei Söhne von 13, 15 und 23 Jahren adoptiert haben, weil sie selbst keine Kinder bekommen konnten, melden sich zur Familientherapie an, weil der jüngste Sohn ein unerklärlich aggressives Verhalten an den Tag legt, die Schule schwänzt, mit Waffen und Sprengstoffen hantiert und mehrfach größere Schäden angerichtet hat.

- Eine alleinerziehende Mutter, die sich von ihrem gewalttätigen Mann getrennt hat und beschlossen hat, von nun an allein zu leben, sucht mit ihrer sechsjährigen Tochter einen Therapeuten auf. Sie fühlt sich unfähig, auf die emotionalen Bedürfnissse ihrer Tochter einzugehen. Sie spürt Ablehnung gegenüber dem Kind und kritisiert es ständig. Gelegentlich schlägt sie die Tochter. Sie ist besonders empört darüber, daß das Mädchen Väter von anderen Kindergartenkindern oder sogar wildfremde Männer in der Straßenbahn anspricht und fragt, ob sie nicht ihr Papi sein möchten.

- Über die Lehrer zweier Mädchen im Alter von 7 und 9 Jahren kommt eine Familie zur Beratung. Die Eltern haben die Töchter aus ihren jeweiligen früheren Ehen in die Familien mitgebracht. Inzwischen sind noch zwei gemeinsame Söhne von 2 und 5 Jahren dazugekommen. Die Söhne werden sehr liebevoll umsorgt, die Töchter dagegen immer wieder geschlagen, eingesperrt und zur Hausarbeit gezwungen. Beide Eltern sehen in den Kindern die schlechten Eigenschaften ihrer früheren Partner, wissen aber auch nicht, wie sie selbst anders mit ihnen umgehen können.

- Zwei Schwestern, junge Frauen Anfang 20 werden wegen Magersucht zu einer Familientherapie überwiesen. Als die Therapeuten die Eltern einladen wollen, stellt sich heraus, daß diese schon seit acht Jahren mit neuen Partnern verheiratet sind, die z.T. selbst für die Kinder aus der ersten Ehe elterliche Funktionen ausgefüllt haben. Die Frage ist nun, wer überhaupt zu einem Familiengespräch eingeladen werden soll, zumal die neuen Partner der Eltern sehr darauf achten, daß Vater und Mutter sich nicht wieder zu nahe kommen.

Wir können feststellen: das Bild der Familie in der modernen Gesellschaft hat sich verändert. 80% aller Kinder, die heute geboren werden, werden ihren 18. Geburtstag nicht mit ihren leiblichen Eltern feiern können, weil diese sich bis dahin getrennt haben werden. Die Zahl der alleinerziehenden Mütter und Väter wird immer größer, die Zahl der – vorübergehend oder dauerhaft – Alleinlebenden erst recht. Kinder erscheinen dabei oft als Hindernis, weil sie die Bewegungsfreiheit der Erwachsenen zwangsläufig einschränken. Gleichzeitig werden sie aber von den allermeisten Paaren immer noch als wünschenswert angesehen.

Wir sind der Auffassung, daß unabhängig von diesen Veränderungen drei zentrale Bestandteile eine grundlegende Bedeutung für das Familienleben haben, auch wenn dies oft nicht unmittelbar deutlich wird:

- Das Verhältnis der Geschlechter zueinander,
- die Beziehung zwischen Eltern und Kindern sowie
- der Zusammenhang mehrerer Generationen, d.h. die Verbindung der Familie zu den Ursprungsfamilien der Eltern und Großeltern.

Die Paarbeziehung allein stellt keine Familie dar, weil eine Trennung vom Partner die Beziehung in der Regel ein für allemal beendet. Kinder bleiben dagegen immer Kinder ihrer Eltern und umgekehrt. Die Eltern-Kind-Beziehung kann nicht aufgehoben werden, auch wenn längst ein großer Abstand hergestellt worden ist.

Auf der Basis dieser grundlegenden Bestandteile hat sich in Abhängigkeit von den jeweiligen gesellschaftlichen Bedingungen eine Vielfalt von Familienformen ergeben. So haben beispielsweise indianische Stammesgesellschaften, die Spartaner der griechischen Antike, die Feudalgesellschaft des Mittelalters oder die islamischen Gesellschaften ganz verschiedene Familienmuster, die mit den jeweiligen Mythen, Religionen, wirtschaftlichen Verhältnissen und sozialen Institutionen dieser Kulturen zusammenhängen. Die Kultur stellt sozusagen Regeln für das familiäre Zusammenleben zur Verfügung. Diese Regeln beziehen sich u.a. auf die wirtschaftlichen, rechtlichen, religiösen, sexuellen und pädagogischen Aufgaben der Familie. Und diese erfahren im Laufe der Geschichte immer neue Wandlungen.

Es wäre aber ein Fehler, nur auf die soziale Seite des Familienlebens zu schauen und die Grundlage des Geschlechter- und Generationenverhältnisses zu vernachlässigen. Unsere Frage lautet daher: welche Kräfte und Motive treiben die Menschen überhaupt an, Familienbeziehungen herzustellen, soweit sie die Wahl dazu haben, und aufrechtzuerhalten? Uns interessieren die grundlegenden Bindungen, die Menschen miteinander eingehen, und die eine biologische Grundlage haben, wie die vergleichende Verhaltensforschung und die daraus entstandene Bindungstheorie zeigen. Um einem Mißverständnis gleich vorzubeugen, sei angemerkt, daß eine solche Sichtweise nicht davon ausgeht, daß unser Verhalten ausschließlich von unserer Biologie bestimmt wird. Als Menschen haben wir die Freiheit, uns auch gegen unsere biologische Ausstattung zu verhalten – wir müssen aber auch einen Preis dafür zahlen. Unsere Natur versorgt uns mit Antriebskräften oder Motiven. Deren Umsetzung ist in fast allen Aspekten sehr stark von unserem sozialen Zusammenhang geprägt.

Der Ausgangspunkt unserer Bindungsbedürfnisse ist zunächst unsere biologische Frühgeburt und die damit verbundene extreme Abhängigkeit des Neugeborenen von seinen Eltern bzw. ursprünglichen Bezugspersonen. Damit ein Neugeborenes überleben kann, braucht es Fürsorge und einen stabilen Beziehungsrahmen, d.h. möglichst wenige Bezugspersonen zu denen es eine Bindung aufbauen kann und die sein enormes Sicherheitsbedürfnis befriedigen. Es müssen für das Kind nicht die leiblichen Eltern sein. Wesentlich für den Aufbau eines körperlichen und seelischen Selbstgefühls ist diese *primäre Vertrautheit* mit einer „Elternfigur".

Der weitere Verlauf der Entwicklung des Kindes wird von einem nachlassenden Sicherheitsbedürfnis und einem zunehmenden Wunsch nach Erregung geprägt. Dieser Wunsch ist eine regelrechte Gier nach Neuem, mit dem allmählich die gesamte gegenständliche und soziale Welt erforscht und erobert wird. Dieser Erregungswunsch steht in einem wechselseitigen Zusammenhang mit der zunehmenden Beherrschung körperlicher und geistiger Funktionen. Das Erleben der eigenen Fähigkeit, sich erfolgreich zu behaupten, schafft ein Erlebnis von Befriedigung, die Genugtuung über die eigene Kompetenz, ein Gefühl von Unabhängigkeit. Wird der Erregungswunsch nicht befriedigt, sind Gefühle von Langeweile und Überdruß die Folge.

In der Pubertät wird der Erregungsbedarf durch einen zusätzlichen sexuellen Reifungsschub verstärkt. Gleichzeitig ist das Sicherheitsbedürfnis in der Regel extrem herabgesetzt. Beides ist die Voraussetzung dafür, daß die Ablösung von der Ursprungsfamilie, die Auseinandersetzung mit anderen sozialen und kulturellen Leitbildern sowie die Hinwendung zu fremden Partnern gelingen kann.

In dieser Entwicklungsphase muß die *„sekundäre Vertrautheit"* geschlechtlicher Partnerschaft zwischen erwachsenen, nicht von Kindheit an miteinander vertrauten Personen aufgebaut werden. „Engste Familienmitglieder scheiden aus, weil sie viel zu vertraut sind. Sie erwecken Überdruß und sind außerdem langweilig. Aber auch ein allzu exotischer Partner ist nicht gut: er denkt und fühlt so anders als man selbst, daß sich kein rechtes Geborgenheitsgefühl einstellt. Also bleibt der Ausweg in der Regel die goldene Mitte: nicht zu fern und nicht zu nah" (Norbert Bischof: Das Rätsel Ödipus, München 1985, S. 441). So stellt die sekundäre Vertrautheit ein Paradox dar: „sie verlangt vom Partner die Quadratur des Kreises: daß er neu und erregend bleibe wie am ersten Tag und daß er doch Geborgenheit spende, wie einst nur die

Mutter es vermocht hat" (ebd., 439). Im Vergleich zur primären Bindung ist die sekundäre Bindung also ungleich labiler, sie muß immer wieder erneuert und vertieft werden, nicht zuletzt durch die Sexualität und – so ist hinzuzufügen – durch die praktische Zusammenarbeit bei der Bewältigung gemeinsamer Aufgaben und Projekte.

Die *tertiäre Vertrautheit* bezeichnet schließlich die Art und Weise, in der Eltern ihr eigenes Kind als ein unverwechselbares Individuum erfahren, es versorgen, beschützen, erziehen und damit seine Überlebenschancen steigern. Auch diese elterliche Haltung beruht auf einem biologisch fundierten Grundmuster. Für die Mutter stellen bereits die Schwangerschaft und die Geburt mit den damit einhergehenden hormonellen Veränderungen eine sensible Phase für den Aufbau dieser Bindung dar. Männer müssen diese Bindung durch soziale Erfahrungen herstellen. Wir können davon ausgehen, daß ihre Bindung an Kinder stärker ist, wenn sie aktiv in die Pflege und Versorgung der Kinder einbezogen sind.

Als Kerngedanken dieses Kapitels möchten wir festhalten, daß die biologische, psychische und soziale Entwicklung des Menschen ganz wesentlich von seinen primären, sekundären und tertiären Bindungserfahrungen abhängt. Dies gilt ebenso für die Art und Weise, in welcher Sicherheit und Erregung, Bindung und Ablösung, Intimität und Autonomie in ein Gleichgewicht gebracht werden.

Auf dieser grundlegenden Ebene treffen die oben gemachten Aussagen auf fast alle höheren Säugetiere zu. Beim Menschen kommt aber entscheidenderweise noch die Fähigkeit zur sprachlichen Verständigung hinzu, die eine Befreiung von der aktuellen Situation, vom unmittelbaren Hier und Jetzt bedeutet. Gefühle allein reichen zur Orientierung für unser Handeln nicht mehr aus. Denken und Fühlen sind zwei unterschiedlich funktionierende Orientierungsweisen, die sich gegenseitig beeinflussen und deshalb laufend miteinander abgestimmt werden müssen, damit kein belastender Streß entsteht.

Nur durch Sprache und symbolische Verständigung kann ein Bewußtsein entstehen, das Vergangenheit und Zukunft in den menschlichen Handlungshorizont einbezieht. Mit dieser Ausdehnung unserer Möglichkeiten ist aber gleichzeitig die Notwendigkeit von Sinngebung und Bedeutungsfindung entstanden. Vergangenheit, Gegenwart und Zukunft müssen in einen sinnvollen Zusammenhang gebracht werden – sonst können wir uns nicht orientieren, können Denken und Fühlen nicht in Einklang gebracht werden.

Darüberhinaus muß aber auch das Bild, das die Menschen von sich selbst haben, mit der Vergangenheit, Gegenwart und Zukunft in einen Sinnzusammenhang gebracht werden. Die Frage lautet: „Wo kommen wir her, wo gehen wir hin?", und sie wird in allen Kulturen gestellt. Es ist die eigentliche Identitätsfrage des Menschen. Alle sozialen Institutionen der Menschen haben eine Idee ihrer Herkunft (die sich in Traditionen, Mythen und Geschichten offenbart) sowie ihrer Zukunft (Pläne, Vererbung von Wissen und Besitz, Vorstellungen über das Leben nach dem Tode etc.).

In der Familie haben wir es daher nicht nur mit der Bindungsdynamik zu tun, sondern ebenso mit einer Mehrgenerationendynamik, die den Familien mehr oder weniger bewußt ist. Sie weist in zwei Richtungen: einmal rückwärts durch Verpflichtungen und Loyalitäten gegenüber der Herkunftsfamilie, andererseits in die Zukunft, indem Aufträge und Erwartungen an die nachkommende Generation gerichtet werden.

Das Denken, Fühlen und Handeln von Menschen, die in einem solchen Bindungszusammenhang stehen, wird sozusagen zu einem System vernetzt, das unabhängig von den Beiträgen der einzelnen Personen ein Eigenleben entwickelt, dem sich die einzelnen nicht entziehen können. Wir können ein solches System aufgrund der Muster, die die Personen miteinander herstellen, beschreiben. So kann etwa bei einer Familie, in der sich die Mitglieder ständig streiten, ziemlich genau vorhergesagt werden, wie ein solcher Streit ablaufen wird, ohne daß man wissen müßte, worum es sich bei einem bestimmten Konflikt handelt. Bei anderen Familien, die z.B. jeden Konflikt vermeiden, lassen sich ähnliche Vorhersagen machen, wie das Muster der Konfliktvermeidung ablaufen wird.

Die Erfahrungen, die Menschen in ihren Familien machen, treffen mit gesellschaftlichen Erwartungen, Normen und Werten zusammen. Die Familie ist sozusagen in eine symbolische Umwelt eingebettet, die ein umfassenderes soziales System darstellt. Die Verbindung von individuellen und sozialen Vorstellungen über Beziehungen, Familienleben und Lebensansprüche prägt die Bedeutungen, die wir unseren Alltagserfahrungen geben.

Familiäre Probleme sind deshalb keine objektiven Probleme, die unabhängig von der Sichtweise der Betroffenen existieren. Menschen, die in der gleichen Lebenssituation stehen, können Belastungen auf sehr unterschiedliche Weise bewältigen. Was dem einen als Problem erscheint, kann für den anderen eine stimulierende Herausforderung sein.

Entscheidende Ansatzpunkte für Veränderungen sind daher die unterschiedlichen Möglichkeiten und Fähigkeiten der Familienmitglieder, auf schwierige Lebenssituationen zu reagieren. Diese Möglichkeiten nennen wir Ressourcen. Darunter verstehen wir angeborene Eigenschaften (z.B. körperliche Konstitution, Talente, Temperament), lebensgeschichtlich erworbene Fähigkeiten (z.B. Durchsetzungs- und Anpassungsvermögen, Selbstvertrauen, Bindungsfähigkeit) sowie soziale und materielle Möglichkeiten (z.B. Freunde, Verwandte und Familie, weltanschauliche Einbindung, Sicherheit und Zufriedenheit in der Arbeit, Wohnung, ausreichendes Einkommen). Auch die Fähigkeit, in einer Krise die Hilfe von Freunden oder einem Therapeuten zu suchen, stellt eine Ressource dar, die man nicht unterschätzen sollte.

– 2 –
Wie Gespräche mit der Familie hilfreich sein können

Alle Angehörigen einer Familie befinden sich in Wechselbeziehungen zueinander. Jeder leistet seinen Beitrag zu der Art und Weise, wie in dieser Familie miteinander umgegangen wird. Das heißt aber auch, daß jeder ein Mitgestalter des Familienlebens ist und nicht einfach dessen Opfer.

Sicher gibt es Unterschiede. Die Art und Weise, wie Eltern Beziehungen in der Familie verstehen, fordern oder verweigern, hat mehr Gewicht als die ihrer kleinen Kinder. Aber selbst in Bezug auf kleine Kinder ist die Vorstellung, daß sie nur das weiße Papier darstellen, auf das die Eltern ihren Stempel drücken, nicht haltbar. Auch sie leisten von Anfang an ihren aktiven Beitrag zu der besonderen Form des Zusammenlebens in dieser Familie.

Mitgestalter sein heißt, Verantwortung für den eigenen Beitrag zum Ganzen zu haben. Deshalb wird in der Familientherapie die Verantwortung für das eigene Handeln betont. Oft muß sie erst entdeckt werden, z.B. hinter festgefahrenen Vorstellungen, wer in dieser Familie der „Bestimmer" ist und wer das „Opfer", das nichts ausrichten kann.

Genauso wie es das „Opfer" ohne eigenen Beitrag nicht gibt, ist es auch unmöglich, den anderen so zu beeinflussen, daß er so wird, wie ihn der „Bestimmer" gerne hätte. Selbst wenn er droht oder sogar Gewalt ausübt, kann er dennoch nicht vorprogrammieren, wie der andere sein Handeln erlebt, wie er darüber denkt und welche Konsequenzen er daraus für sich zieht.

Diese festgefahrenen Vorstellungen können den Einzelnen in der Einschätzung seines Handlungsspielraumes so festlegen, daß ihm durchaus denkbare Alternativen für sein Handeln und Verhalten gar nicht in den Sinn kommen.

Man kann diese Vorstellungen auch als eingefahrene Sichtweisen verstehen, die mehr unbewußt als bewußt eine Art Kompaß für die eigene Orientierung darstellen. Um sie geht es in der Familientherapie in erster Linie. In Familien entwickeln sich viel ausgeprägter als in anderen sozialen Systemen gemeinsame Sichtweisen davon, welche Bedeutung bestimmten Abläufen, Entwicklungen und Ereignissen gegeben werden soll.

Die langjährige tägliche Vertrautheit und besondere Bindung aneinander fördern ein zumeist unausgesprochenes Zusammenspiel in der Wahrnehmung, Einschätzung und praktischen Handhabung. Dies gilt vor allem für den Umgang mit Belastungssituationen.

Familientherapeuten gebrauchen gerne das Bild von einer Landkarte, mit deren Hilfe sich die Familie orientiert, rückversichert und aufeinander abstimmt. So wie die Landkarte nur eine abstrahierende Zeichnung und nicht das Gelände selbst darstellt, handelt es sich bei den gemeinsamen Sichtweisen in einer Familie um ein vernetztes Ideengebäude in den Köpfen der Beteiligten und nicht um die objektive Realität. Denn wer kennt die schon?

Die „Landkarte" der Familie gibt Orientierung und vereinfacht die Situation. Nicht alles muß jedes Mal völlig neu überlegt, eingeschätzt und ausgehandelt werden. Diese Entlastung ist auf der anderen Seite mit Einengung verbunden. Mögliche andere Einschätzungen und Interpretationen bleiben auf der Strecke. Schauen wir uns das Beispiel der Adoptivfamilie aus Kapitel 1 etwas genauer an. Für diese Familie mag die Vorstellung „Wir sind eine ganz normale Familie" eine zentrale Bedeutung für die familiäreLandkarte haben. Alle Beteiligten bemühen sich, diese Sichtweise aufrechtzuerhalten; sie in Frage zu stellen löst dagegen massive Ängste aus. Das Wissen der Kinder, daß ihre Adoptiveltern nicht ihre leiblichen Eltern sind, legt ihnen ein einseitiges Gefühl von Dankbarkeit gegenüber den Adoptiveltern nahe, die sie vor der bedrückenden Karriere als Heimkinder bewahrt haben. Das Gefühl von Dankbarkeit ist aber zugleich mit der Unsicherheit verbunden: „Was müßte eigentlich geschehen, daß die Adoptiveltern nicht mehr so zu mir stehen? Wovon hängt es ab? Warum machen die das überhaupt?". Die Kinder gewinnen womöglich den Eindruck, daß es für die Adoptiveltern, aber auch für sie selber zu belastend wäre, solche Fragen offen zu stellen. Sie passen, wenn man so will, nicht in die gemeinsame Landkarte.

Wir könnten nun das aggressive Verhalten des jüngsten Sohnes als einen Versuch ansehen, Antworten auf die obigen Fragen zu bekommen, ohne sie direkt stellen zu müssen. Er testet vielleicht die Grenzen der Belastbarkeit der Eltern, mit der Überlegung: „Wenn ich mich so schlecht verhalte und so undankbar bin, werden sie mich nicht mehr haben wollen und in ein Heim schicken!"

So gesehen sind seine Verhaltensauffälligkeiten eine Art Problemlösungsversuch, der die Landkarte nicht in Frage stellt, aber dennoch für den Jungen selbst mit einem hohen Preis verbunden ist: er droht sich seine Zukunft zu verbauen.

Das Beispiel macht die Denkweise von Familientherapeuten deutlich: Probleme, Störungen oder Symptome werden als individuelle Lösungsversuche im Rahmen der Familie gesehen. Diese Lösungsversuche werden aber im Falle des Jungen, der sich aus der Schule herauskatapultiert und sich in große soziale Schwierigkeiten bringt, nun selber zu einem Problem, um das sich dann andere Personen wie Psychologen und Lehrer kümmern, ob die Familie will oder nicht. Familientherapeuten verstehen sich dabei nicht als die objektiven Beobachter, die die „richtige" Lösung bereits in der Tasche haben.

In der Geschichte der Familientherapie kann man – etwas vereinfacht – drei wesentliche Entwicklungslinien ausmachen:

- In der ersten wurden Vorstellungen von gestörten Zweierbeziehungen zwischen einem Elternteil und einem Kind, die letztendlich auf eine mehr oder weniger direkte Anklage (zumeist der Mutter) hinausliefen, überwunden. Die Familientherapeuten versuchten, die Haltung von „Marsbewohnern" einzunehmen und die Familie wie eine fremdartige Maschinerie mit einem noch unbekannten Regelsystem anzuschauen. Geachtet wurde vorrangig auf „typische" Wiederholungen im sichtbaren Verhalten, woraus dann auf bestimmte Muster geschlossen wurde. Die Symptome und Probleme wurden als Ausdruck dieses Musters angesehen und positiv bewertet.

- In der zweiten Entwicklung griffen Familientherapeuten ihrerseits direkt während der Familiengespräche ein. Eine überbesorgte Mutter wurde gebremst, ein allzu passiver Vater ermuntert. Unsichere Eltern wurden aufgefordert, ihren Kindern Grenzen zu setzen. Hierbei vertraten die Therapeuten klare Vorstellungen davon, wie eine „gesunde Familie" aussieht, z.B. mit klarer Rollenaufteilung und eindeutigen Grenzen zwischen den Generationen. Im Vordergrund stand das Bemühen, in der Sitzung neue Verhaltensweisen mit der Familie einzuüben.

● Die neuere Entwicklung der letzten zehn Jahre zeichnet sich durch ein höheres Zutrauen in die oft verschütteten Möglichkeiten und Fähigkeiten der Familie (Ressourcen) aus. Anstatt Alternativen aus der Sicht der Therapeuten einzuüben, wird davon ausgegangen, daß die Familie bereits selber über Alternativen verfügt, aber im Rahmen ihrer bisherigen Landkarte davon noch keinen Gebrauch gemacht hat.

Aufgabe der Therapie in diesem neueren Verständnis ist es, einen Raum zu schaffen, in dem die Familie Überlegungen über die bevorzugten eigenen Verhaltensmuster und die dahinter mehr oder weniger verborgenen Landkarten anstellen kann.

Dazu müssen aber zunächst die Wechselbeziehungen und die gegenseitige Vernetzung des Verhaltens für die Einzelnen erfahrbar werden. Gerade weil das Verhalten im vertrauten Kreis über Jahre eingespielt ist, wird es nicht als bewußte Entscheidung erlebt. Als eine solche Entscheidung mitsamt den dazugehörigen Konsequenzen versuchen Familientherapeuten es aber zu sehen.

Dadurch werden die Konsequenzen einer kritischen Überprüfung durch die Betroffenen selber zugänglich. Gleichzeitig eröffnen sich neue Wahlmöglichkeiten, die bisher nicht im Blick waren.

Grundsätzlich besteht die therapeutische Kunst darin, die Klienten im Vertrauten zu bestätigen, den Beitrag jedes Einzelnen zur Bewältigung der Situation anzuerkennen und damit Entlastung und Vertrauen zu schaffen – und andererseits in annehmbarer Dosierung neue Informationen anzubieten, die wiederum anregen, andere Sichtweisen, und wenn auch nur spekulativ für den Augenblick, zuzulassen.

Die Dosierung ist deshalb so wichtig, weil das Nachdenken über die Beziehungen zu den nächsten Angehörigen immer wieder an Grenzen stößt, die durch loyale Rücksichtnahmen, den Wunsch, nicht anzuklagen oder zu beschämen, gesetzt werden.

Der Therapeut steht dabei nicht außerhalb. Er bringt mit seinen Ideen und Fragen indirekt auch seine Überzeugungen und eigenen Erfahrungen mit ein. Das Ganze hat nichts von einer „objektiven" Bestandsaufnahme, sondern ist als ein sehr subjektives Aushandeln von Bedeutungen und Bewertungen zwischen der Familie und den Therapeuten zu sehen. Der Wert der Therapie hängt davon ab, inwieweit die Familienmitglieder die dabei verhandelten Sichtweisen und Anregungen für sich als „heilsam verstörend" erleben können. Dies gelingt am ehesten, wenn nicht zuviel Angst aufkommt und stattdessen Neugier geweckt wird.

Die Therapeuten gestalten dieses eher tastende und vorsichtige Unternehmen aktiv durch Fragen, die für die Klienten eine provokante Seite haben können, wenn bisherige Denktabus berührt werden. Hier nicht zur Konfrontation zu zwingen, sondern eher die Grenzen des Tabus zu markieren und den möglichen

Umgang damit durchzuspielen, kann eine wirkungsvolle Einladung sein, ein bisher nur Angst machendes Thema anders anzuschauen. Mögliche Konsequenzen daraus zu ziehen und neue Lösungen anzupeilen ist Sache der Familie. Die Verantwortung bleibt bei jedem einzelnen. Die Verantwortungen der Therapeuten besteht darin, in der Therapie dafür zu sorgen, daß der geschützte Raum für den gemeinsamen Reflexionsprozeß geschaffen und erhalten wird.

Wesentliche Anstöße hat die Familientherapie von wissenschaftlichen Denkrichtungen bekommen, die mit Psychotherapie zunächst überhaupt nichts zu tun haben. Die moderne Systemtheorie, die Kybernetik, aber auch neurophysiologische Forschungen haben maßgeblich zu einem tieferen Verständnis der Wechselbeziehungen zwischen den Elementen eines Systems, der Herausbildung von Mustern und Strukturen, der Bestrebungen zum Selbsterhalt und zu Gleichgewichtszuständen und den Möglichkeiten zu kreativer Veränderung und Anpassung an wechselnde Umweltbedingungen beigetragen.

Dabei kommt auch zunehmend die Persönlichkeit des Therapeuten als aktiver Mitgestalter des therapeutischen Prozesses in den Blick. Dessen eigene Ängste und lebensgeschichtlichen (Not-)lösungen beeinflussen seine Haltung im Umgang mit den Klienten zwangsläufig. Diese alte Erkenntnis der Psychoanalyse, die diesen Vorgang als „Gegenübertragung" bezeichnet, wurde in den Jahren der Anfangseuphorie über die neue Herangehensweise an psychische Störungen zu unrecht in den Hintergrund gedrängt und findet jetzt verstärkt wieder Eingang in die familientherapeutische Arbeit.

In der Ausbildung von Familientherapeuten in unserer Arbeitsgemeinschaft für psychoanalytisch-systemische Familientherapie (APF) in Köln spielt deshalb die Selbsterfahrung der Therapeuten, das Kennenlernen der eigenen Lösungsmuster in Ursprungs- und Gegenwartsfamilie eine wesentliche Rolle.

– 3 –
Einwegscheibe, Videotechnik und Fragen: das merkwürdige Inventar der Familientherapie

Die Familientherapeuten haben in den letzten Jahren gewisse methodische Vorgehensweisen entwickelt, von denen wir die wichtigsten in diesem Kapitel vorstellen wollen. Sie richten ihre Räume mit Videotechnik ein (1), arbeiten im Team (2) und mit einer bestimmten Fragetechnik (3), sie beteiligen unterschiedlich viele Personen an den Therapiegesprächen (4), arbeiten mit verschiedensten Methoden (5) und versuchen, mit möglichst wenigen Sitzungen auszukommen (6).

Dazu ist es nötig, daß die einzelnen Sitzungen sehr genau vorbereitet werden und die Therapeuten eine aktive, strukturierende Rolle übernehmen. Sie bilden sich vor dem Gespräch Hypothesen über das Geschehen in der Famiile, die sie im Gesprächsverlauf immer wieder überprüfen und verändern, um die nächsten Schritte einleiten zu können.

(1) Von manchen belächelt, von anderen mit Skepsis betrachtet, haben die Familientherapeuten einen Therapiebereich geschaffen, der aus zwei mit einer Einwegscheibe verbundenen Räumen besteht. Im eigentlichen Therapieraum findet das Gespräch mit der Familie statt. Er ist mit Stühlen oder Sesseln

eingerichtet. In ihm befindet sich häufig auch eine Spielecke mit Spielzeug oder Bausteinen für kleinere Kinder.

Der zweite Raum ist meistens karger eingerichtet. Von dort aus kann das Therapeutenteam die Familie durch die Einwegscheibe oder auf dem Monitor der Videoanlage beobachten. Einige Einheiten sind so ausgerüstet, daß die Beobachtungsrichtung umgeschaltet werden kann und die Familie zum Beobachter der Diskussion des Teams wird. Die Sitzungen werden mit dem Einverständnis der Familie auf Videoband aufgezeichnet, damit das Team noch einmal sehr genau den Ablauf einer Stunde analysieren kann. Außerdem kann man so einer Familie das Angebot machen, sich Teile des Videobandes unter bestimmten Aufgabenstellungen anzuschauen. Fast alle Familien sind zunächst von der Technik irritiert, dann aber schnell von den faszinierenden Möglichkeiten überzeugt.

(2) Warum nun mehrere Therapeuten in unterschiedlichen Räumen? Unsere Erfahrung ist, daß sowohl die Familien als auch die Therapeuten davon profitieren. Familien fällt es nicht leicht, über Jahre eingespielte Regeln und Umgangsformen schnell zu verändern. Sie neigen eher dazu, Personen, die mit ihnen in Kontakt kommen, zu einem „Tanz" nach ihren Regeln einzuladen. Die Therapeuten selbst geraten aufgrund ihrer eigenen lebensgeschichtlichen Erfahrungen manchmal in Gefahr, sich solchen An-

geboten zu schnell anzuschließen oder aber sich in kleine Machtkämpfe zu verwickeln. In so einer Situation kann ein Kollege hilfreich sein, indem er die Sitzung unterbricht. Es macht einen Unterschied, ob ich mit jemandem „tanze" oder zuschaue, wie ein anderer mit jemandem „tanzt". Der Beobachter hat einen ganz anderen Standpunkt, betrachtet die Situation aus einem anderen Blickwinkel und hat mehr Distanz.

Nach einer Unterbrechung und einer Beratung kann der Therapeut der Familie mitteilen, weshalb er aus der Sitzung geholt wurde. Manche Familien bekommen nach mehreren Sitzungen ein besseres Gespür für solche Verstrickungen und sagen dann: „Eigentlich müßte Ihr Kollege Sie jetzt unterbrechen!".

Für die Therapeuten bietet eine Unterbrechung die Gelegenheit, zu überprüfen, ob sie bei ihrem Plan geblieben oder davon abgewichen sind. Weil es nicht den „Königsweg" der *einen* richtigen Lösung in der Therapie gibt, können im Team ganz unterschiedliche Ansätze und Hypothesen entwickelt werden. Während man früher versuchte, sich auf eine Hypothese zu einigen, nutzt man heute die verschiedenen Einfälle im Team. Sie werden der Familie als ein Fächer von Ideen vorgestellt, aus dem sie sich etwas nehmen oder etwas eigenes dazu setzen kann.

Der Therapeut kann etwa folgendes sagen: „Der eine Kollege meinte, Sie sollten alles beim alten las-

sen, weil sich das bei allen bisherigen Schwierigkeiten bewährt hat. Ein anderer wollte unbedingt, daß ich Ihnen einen ganz neuen Vorschlag mache. Die Kollegin gab zu bedenken, daß ich mich zu sehr auf die Männer konzentriert und nicht beachtet habe, daß die Mutter wichtige Ideen eingebracht hat..."
Auf diese Weise erlebt die Familie, daß es nicht nur die Kategorien richtig oder falsch gibt, daß Kritik konstruktiv sein kann und daß es hilfreich ist, genau auf das zu hören, was der Einzelne in der Familie sagt.

Eine Variation davon ist das sogenannte „Reflecting Team", das gemeinsam vor der Familie diskutiert, was es gesehen oder wahrgenommen hat. Diese Methode wurde erstmals vom Team des norwegischen Familientherapeuten Tom Andersen praktiziert. Der behandelnde Therapeut stellt nicht die Sichtweise des beobachtenden Kollegen dar, sondern beide denken laut vor der Familie über ihre Einschätzungen der familiären Situation nach. So bekommen die Klienten die Gelegenheit, interessante Gedanken dieser Unterhaltung der Therapeuten aufzugreifen und für ihre weitere Auseinandersetzung zu nutzen. Dieses Vorgehen erlaubt den Therapeuten, auch provokante Sichtweisen einzubringen, sie aber im Gespräch zu entschärfen. Der Angstpegel der Familie wird beachtet, neue Erklärungs- und Verhaltensmöglichkeiten werden aber nicht ausgeblendet. Sobald sie ausgesprochen werden, können sie nicht mehr einfach ignoriert werden. Sie werden aufgenommen und tragen dazu bei, daß sich die Wahrnehmung der Klienten von ihrer Problemsituation in welcher Form auch immer verändert. Gleichzeitig wird die Neugier der Familie darauf gerichtet, was die Therapeuten über sie denken. Alle werden angeregt, zuzuhören und sich eigene Gedanken zu machen.

(3) Die Gesprächsführung über Fragen hat sich als wichtiges Mittel der Familientherapie herausgestellt, weil Fragen im Unterschied zu Deutungen eine Reihe von Vorteilen bieten. So werden durch Fragen in der Familie Suchprozesse ausgelöst, die eine wichtige Voraussetzung für Veränderungen sind. Die Familie wird ermuntert, ihre Beziehungen untereinander neu zu sehen und anders zu gestalten. Mit der Familie wird weniger über Krankheiten oder Symptome gesprochen, sondern nach Lösungswegen für ein gemeinsames Problem gesucht. Typische Fragen aus einem ersten Gespräch mit einer Familie sollen das näher verdeutlichen.

Zunächst ist interessant, wer die Familie schickt, welche Interessen der Überweisende damit verfolgt, welches Erklärungsmodell er für die Probleme der Familie hat und wieso er der Meinung ist, daß wir hilfreich sein können. Wir erfragen die Erwartungen und Befürchtungen der Familie und bekommen einen ersten Eindruck davon, was sie oder der Überweiser als erfolgreich ansehen würden. Mit der nächsten Frage, „Warum kommen Sie gerade jetzt?", werden die Klienten angeregt, die aktuelle Situation genauer anzusehen, denn irgendetwas wird jemanden bewogen haben, nicht noch ein Jahr zu warten oder gar nichts zu unternehmen. Wir erfahren so, ob in der Familie jemand jetzt eine Veränderung wollte, oder ob die Schule, der Kindergarten, ein Arbeitgeber Druck ausgeübt haben.

Danach wird angesprochen, wann, wo, wie oft das Problem auftritt, wer es zuerst bemerkt oder gar nicht mitbekommt, und was jeder einzelne tut, wenn er damit konfrontiert wird. So erfahren manchmal die Familienmitglieder zum erstenmal von den anderen, wie sie die Situation einschätzen und wie unterschiedlich ihre Reaktionen interpretiert werden.

Wird hier zum Beispiel geantwortet, daß die Mutter weint und traurig ist, wenn der Sohn sich so uneinsichtig zeigt, ist es auch wichtig, über den *Stellenwert* des Weinens zu reden. Viele therapeutischen Schulen gehen davon aus, daß in heftigen Emotionen das wahre Selbst und eine besondere Tiefe echter Empfindungen zum Ausdruck kommt. Daraus wird geschlossen, daß die Äußerung von Gefühlen in der Therapie Vorrang vor allem anderen hat. Übersehen wird dabei, daß Gefühlsäußerungen die anderen massiv beeinflussen und unter Druck setzen können und familiäre Muster dadurch stabilisieren. So mag das Weinen der Mutter dazu führen, daß der Vater schützend in die Situation eingreift und für sie den Sohn zurechtweist, ohne daß sich die Situation ändert.

Mit der Frage, „Was haben Sie bisher versucht, um das Problem zu lösen, was hat geholfen, was nicht?", wird abgeklärt, wieviel Hoffnung die einzelnen auf eine Lösung des Problems haben. Es kann sein, daß eine Familie gar nicht an eine Lösung glaubt, an einer Veränderung nicht wirklich interessiert ist, oder in die Therapie geht, weil man nichts unversucht lassen darf, nach dem Motto: „Es soll mir niemand vorwerfen können, daß ich nicht auch den letzten Blödsinn mitgemacht habe, um meine Hilfsbereitschaft unter Beweis zu stellen."

Verblüfft sind die meisten, wenn man sie fragt, wie sich das Symptom oder Problem verstärken läßt. Mit dieser Frage soll vorsichtig an die Tatsache herangeführt werden, daß jeder das Problem beeinflussen kann und sich nicht ausschießlich als Opfer erleben muß. Es geht bei dieser Erkenntnis nicht um Schuldzuschreibungen, sondern um die Wahrnehmung von Handlungsspielräumen. In die gleiche Richtung zielt die Frage: „Was ist gut an dem Problem?" Sie akzeptiert, daß Probleme eine Funktion für die Stabilisierung des Familiensystems haben können. Ehe man es vorschnell aufgibt, sollte geklärt werden, welche Auswirkungen Alternativen hätten. Vielleicht wurde die Familie durch ein Symptom in Sorge zusammengehalten und ein Auseinanderbrechen verhindert.

Von großer Bedeutung sind in diesem Zusammenhang die positiven Erfahrungen der Familie in der Vergangenheit und Gegenwart. So kann man fragen, wie die Familie gelebt hat, bevor das Problem zum erstenmal auftauchte und wann es allen zuletzt richtig gut gegangen ist. Konzentriert man sich auf „problemfreie" Zeiten in der Gegenwart, wird der Blick auf die positiven Inseln im Meer der Schwierigkeiten gelenkt und der Eindruck verstärkt, daß es sich ja auch ohne Problem ganz gut leben läßt.

Weil alle Familienmitglieder unterschiedlich in das System eingebunden sind, ist es sinnvoll, an manchen Punkten Rangfolgen aufzustellen. Dies geschieht durch Fragen wie: „Nehmen wir einmal an, durch ein Ereignis wäre das Problem gelöst, wer würde davon am meisten/am wenigsten profitieren? Wer steht Mutter am nächsten? Vater, Sohn oder Tochter?" Auf solche Fragen können von den einzelnen Personen ganz verschiedene Rangfolgen erstellt werden, was wiederum Aufschluß über die Beziehungen innerhalb der Familie gibt.

Den Abschluß eines ersten Gesprächs bilden Zukunftsfragen: „Was bedeutet es für jeden, wenn das Problem immer bleibt, was, wenn es sich verschlimmert? Was wird jeder tun, wenn die Therapie erfolgreich war?"

Alle diese Fragen lassen sich „zirkulär" stellen, d.h. man fragt nicht den Vater: „Was tun Sie wenn das Problem auftritt?", sondern z.B. zunächst die Tochter: „Was macht Vater, wenn das Problem auftritt?", dann den Sohn: „Wie verhält sich Mutter, wenn Vater wie eben beschrieben reagiert?". Direkte Fragen geben den Befragten Gelegenheit, ihre bekannten Positionen erneut darzustellen und die eingeschliffenen Vorurteile der anderen zu bestätigen. Damit lösen sie eher Langeweile, Überdruß oder Vorwürfe aus. Das zirkuläre Fragen dagegen bringt nicht nur für den Therapeuten Informationen, sondern auch für die Familie. Jeder ist gespannt, was der andere sagen, wieviel er preisgeben wird, wie gut er den anderen einschätzen kann.

(4) Seit diese Fragetechnik zur Verfügung steht, bestehen die Therapeuten nicht mehr so entschieden wie früher auf der Grundregel, daß alle, die unter einem Dach wohnen, auch wirklich zur Therapie erscheinen. Diese Grundregel wurde abgelöst durch eine lockere Einstellung. Auch wenn jemand nicht kommt oder man mit einem Patienten ein Einzelgespräch führt, lassen sich andere Personen durch zirkuläre Fragen einbeziehen („Angenommen, Ihr Mann wäre mit zu dem Gespräch gekommen, was würde er jetzt zu Ihrer Schilderung sagen?") und die wechselseitige Vernetzung auf diese Weise deutlich machen. Wir haben die Erfahrung gemacht, daß häufig zunächst nicht anwesende Familienmitglieder später zu den weiteren Sitzungen aus Neugier kommen, oder um den weiteren Ablauf besser beeinflussen zu können.

Der therapeutische Rahmen kann von den Therapeuten aber auch erweitert werden, z.B. durch die Einbeziehung der Ursprungsfamilien. Dies löst bei manchen Ängsten aus. Es kann sein, daß am Ende eines Gesprächs ein Klient sagt: „Meinem Vater kann ich ein Gespräch nicht zumuten, das bringt ihn um." Dahinter kann die Angst vor den eigenen zerstörerischen Impulsen stecken und der Wunsch, den Vater vor diesen zu schützen. Dann kann es hilfreich sein, über Erfahrungen zu berichten, daß Eltern oder Großeltern eher positiv davon berührt sind, wenn Kinder oder Enkel soviel Interesse an ihnen zeigen.

Die Familientherapie begann mit dem Schritt vom Einzelnen zur Familie. Das Problem wurde nicht mehr nur im Individuum und seiner Psyche gesehen, sondern in dem unmittelbaren Umfeld bearbeitet, in dem es wirksam wurde. Neuerdings versucht man sich von der Einengung auf eine reine Familientherapie zu lösen und spricht von der Arbeit mit „Problemsystemen". Wer diesen Weg konsequent weiter beschreitet, wird die Probleme nicht nur in Familien ansiedeln, sondern auch in der Schule, am Arbeitsplatz, in Gruppen, mit denen man öfter zusammen ist usw. Was das für die Arbeit von Therapeuten und Institutionen bedeutet, wird in Kapitel 8 erläutert.

(5) Neben der Fragetechnik nutzen die Therapeuten noch andere Methoden, um Klärungs- und Veränderungsprozesse in Gang zu setzen oder zu steuern. Sie werden hier nur kurz zusammengestellt und sollen in den Familiengeschichten anschaulich gemacht werden.

Um Rollenverteilungen oder Aufgaben in der Familie möglichst schnell zu verändern oder zu unterbrechen, kann ein bestimmtes Verhalten direkt verschrieben oder ein Auftrag gegeben werden. So kann man einem Paar den Auftrag geben, an bestimmten Tagen in der Woche den Partner mit einem besonders liebevollen oder abweisenden Verhalten zu überraschen.

Es gibt auch Verschreibungen, die auf den ersten Blick paradox anmuten, wenn beispielsweise einem Kind, das ca. zweimal pro Woche ins Bett macht, die Verschreibung gegeben wird, bis zum nächsten Termin jede Nacht ins Bett zu machen. Eine solche Verschreibung ist allerdings nur dann sinnvoll, wenn dem Symptom eine andere Bedeutung gegeben wurde, etwa daß das Kind durch sein Bettnässen die Eltern in Sorge zusammenführt und auf etwas Wichtiges aufmerksam macht. Eine Symptomverschreibung ist dann sinnvoll, wenn sie mit einer positiven Bewertung des Symptoms verbunden werden kann. Der Therapeut muß in jedem Fall dahinterstehen können, sonst wirkt eine solche Vorgehensweise zynisch und aufgesetzt.

Es stecken eine Reihe von Annahmen in dieser Form von Arbeit. Einmal wird dem Kind die Verantwortung für sein Bettnässen genommen, weil der Therapeut es jetzt verschreibt, außerdem wird die bisherige Neigung der Familie, das Bettnässen zu vermeiden oder Schuldzuschreibungen vorzunehmen, unterbrochen. Aus einem unwillkürlichen Akt wird eine willkürliche Handlung, weil das Kind jetzt ins Bett machen *muß*. Bisherige Normen werden relativiert, weil das Bettnässen eine postitive Deutung erfahren hat. Wenn das Kind sich der Aufforderung der Therapeuten verweigert, bleibt ihm nichts anderes übrig, als überhaupt nicht ins Bett zu machen. Arbeitet es mit dem Therapeuten zusammen, ist das alte Muster unterbrochen und neue Wege stehen offen.

Eine weitere wichtige Technik, die Arbeit am Familienstammbaum, wird im 5. Kapitel ausführlich an einem Fall illustriert.

Es lassen sich auch Motive aus Märchen oder Geschichte nutzen, um Zusammenhängen einen anderen Rahmen und eine neue Bedeutung zu geben. Für viele ist es z.B. ein Problem, daß ihnen Aufgaben oder Ängste wie ein riesiges, unüberwindliches Hindernis vorkommen. Wenn man dann die Geschichte von dem Scheinriesen Tur-Tur erzählt, wirkt manches anders. Das Problem von Tur-Tur besteht darin, daß er auf weite Entfernung wie ein furchteinflößender Riese aussieht. Immer wenn er auf Leute zugehen will, laufen sie vor Angst schreiend davon. Erst Jim Knopf geht auf ihn zu, lernt diesen Riesen aus der Nähe kennen und stellt fest, daß er immer kleiner wird, je näher er ihm kommt. Schließlich steht er vor einem kleinen, alten Mann, der dazu verdammt ist, anderen Leuten aus der Entfernung Angst zu machen. Jim

Knopf gibt ihm eine neue Bedeutung als Leuchtturm auf seiner Insel. So ist er für alle, die weit weg sind, ein wichtiger Markierungspunkt und aus der Nähe betrachtet überhaupt nicht mehr ängstigend.

Mit Metaphern und Analogien lassen sich Beziehungsmuster, Konflikte und eingefahrene Sichtweisen in einprägsamen Bildern darstellen und aus einem gewissen Abstand heraus anders betrachten. Das Fallbeispiel in Kapitel 7 verdeutlicht den praktischen Einsatz solcher Methaphern.

(6) Die Therapiesitzungen selbst sind nicht unbedingt der Ort für Veränderungen. Hier werden wichtige Weichenstellungen vorgenommen. Die Familie soll mit ihren eigenen Möglichkeiten in der Zwischenzeit so umgehen, wie es ihrem eigenen Tempo entspricht. Da die Therapeuten den Prozeß in den Sitzungen in sehr verdichteter Form aktiv steuern, braucht die Familie viel Zeit, um die Anregungen in ihr System aufzunehmen. Aus diesen Gründen finden die Sitzungen mit einer Dauer von ein bis zwei Stunden in einem mehrwöchigen Rhythmus statt. Vielen erscheint aber diese Spanne zwischen den Sitzungen erst einmal zu lang, weil sie glauben, daß mehr Therapiezeit auch mehr an Veränderung bedeuten würde. Es besteht jedoch die Gefahr, daß die Familie sich bei kürzeren Intervallen eher abhängig vom Therapeuten machen und das Vertrauen in die eigenen Ressourcen verlieren. Dieser Neigung steuern die Therapeuten entgegen, indem sie die Zahl der Sitzungen gezielt

eingrenzen. Es gibt also eine große Spannweite zwischen unterschiedlichen Zeiträumen, der Dauer einer Sitzung und der Anzahl der Gespräche.

– 4 –
Kinder als Elternberater

Kinder, die Symptome oder Verhaltensauffälligkeiten entwickelt haben, sind häufig der Grund für eine Anmeldung oder Überweisung zur Familientherapie. In diesem Kapitel werden wir an einem Beispiel aus unserer Praxis – es handelt sich um ein Erstgespräch mit Familie Koch – zeigen, was sich verändert, wenn man das Kind nicht als den „Probleminhaber", sondern sein Verhalten als einen aktuellen Problemlösungsversuch für die Familie versteht. An dem Gespräch nehmen drei Therapeuten teil, von denen einer das Gespräch hinter der Videoanlage verfolgt.

Klaus Koch, 42, Hochschulassistent, und Eva, seine Frau, 39, die halbtags als Apothekerin arbeitet, erscheinen mit ihrem siebenjährigen Sohn Björn zum Erstgespräch. Eine Lehrerin hat ihnen dazu mit der Begründung geraten, daß Björn sich gegenüber den Klassenkameraden durch sein teilweise bizarres Verhalten zunehmend isoliere und sich nicht mehr auf den Unterricht konzentrieren könne. Er wirke oft sehr durcheinander und sei schlecht ansprechbar, obwohl er sehr intelligent sei und sich sprachlich überdurchschnittlich gut auszudrücken verstehe.

Björn übernimmt gleich zu Beginn des Gespräches eine Führungsrolle und interviewt die Therapeuten auf sehr altkluge Weise über die technische Ausstattung, berichtet über die Schule, macht Faxen usw.

Die Eltern machen durch ihr Schweigen deutlich, daß sie es dem Sohn überlassen wollen, die Situation zu gestalten.

Die beiden Therapeuten, die das Gespräch führen (Th1 und Th2), übernehmen nun ihrerseits eine aktive Rolle, um dem Jungen zu zeigen, daß er nicht die Verantwortung für den Fortgang des Gespräches tragen muß. Auf die Frage nach dem Problem berichtet Frau Koch, daß sie seit 2 Jahren eine Einzeltherapie macht, zu der ihr Mann für eine Zeit dazukam, dann aber wieder wegblieb. Es sei schwierig, ein gutes Einvernehmen mit ihrem Mann herzustellen. Beide Eltern zeigen sich sehr über die merkwürdigen Verhaltensweisen des Sohnes beunruhigt, lassen aber gleichzeitig durchblicken, daß sie nicht damit einverstanden sind, wie der Partner mit ihm umgeht.

Th2, der die Aufgabe übernommen hat, besonders auf Björn einzugehen, fragt diesen, ob er eine Idee hat, warum sich denn die Eltern um ihn sorgen könnten. Björn bestätigt, daß er wenig Freunde habe, äußert aber Zuversicht, daß das mit den anderen Kindern schon noch klappen würde. Die Sorge der Eltern sei eigentlich unbegründet.

Th2: Woran merkst Du, daß Dein Vater sich Sorgen macht?
Björn: Schwere Frage, muß ich erst mal überlegen. Bei Mama weiß ich das auch nicht. Ich glaube, dann müssen die mir was sagen.
Th2: Und wenn sie Dir nichts sagen?

Björn: Dann ist mein Kopf einfach verrückt. Dann weiß ich ja gar nichts mehr...
Th2: Das bringt Dich durcheinander?
Björn: Genau, ganz durcheinander. Dann weiß ich nicht, ist er ärgerlich oder was?
Th2: Sagen die Eltern Dir öfter, daß sie sich Sorgen machen, oder mußt Du Dir darüber Deine Gedanken selbst machen?
Björn: Das bringt mich auf eine Sache, daß ich nämlich in der Schule sehr viel rede.

Björn lenkt jetzt von der Situation ab, indem er ein anderes Problem zur Sprache bringt. Es ist ihm offensichtlich unangenehm, seine Wahrnehmung der Eltern mitzuteilen. Der zuschauende Kollege ruft die Therapeuten zu einer kurzen Besprechung raus. Danach teilt Th2 Björn in anerkennenden Worten mit, daß er sich viel Mühe gebe, seinen Eltern zu helfen, indem er sich bemühe, ihnen das Gespräch hier abzunehmen, schlägt ihm aber vor, sich für eine Weile auszuruhen und einmal die Eltern reden zu lassen. Wenn er den Eindruck habe, daß eine Frage zu schwierig sei, und er es dann nicht mehr aushalte, könne er sich an ihn wenden und das Gespräch unterbrechen. Auf diese Weise wird die Loyalität des Kindes zu seinen Eltern positiv bewertet, aber gleichzeitig deutlich gemacht, daß seine Aufgabe eine Überforderung darstellt.

Nun fragt Th1 die Eltern, welche Erklärung sie dafür haben, daß Björn so aufmerksam darauf achtet, was er für seine Eltern tun kann, anstatt sich mehr um seine eigenen Bedürfnisse zu kümmern. Frau Koch äußert die Vermutung, daß er Konflikte in der Partnerschaft unter der Hand mitbekomme. Er äußere Ängste, wenn sie abends einmal wegginge, frage auch, ob sie sich – wie die Eltern seiner Kusine – bald trennen würden usw. Die Tür zum Schlafzimmer müsse seit einigen Wochen immer offen stehen. Streit zwischen den Eltern würde er dadurch mitbekommen, daß Vater schimpfe oder nörgele und Mutter weine. Als Th1 fragt, wen Björn durch sein Verhalten mehr schützen wolle, Vater oder Mutter, unterbricht Björn mit dem Hinweis, er habe noch ein anderes Thema aus der Schule, über das er dringend reden müsse. Er wirkt jetzt wieder sehr konfus.

Th1 deutet Björns Ablenkungsmanöver als weiteren Versuch, die Eltern vor einer Auseinandersetzung in Schutz zu nehmen. Björn befindet sich gegenüber seinen Eltern sozusagen in einer Elternrolle des Beschützers, Trösters, Ablenkers, mit der er überfordert ist. Um ihm in seiner gleichzeitigen Verwirrung zu helfen, bietet Th1 ihm ein Bild an, das Björn ermöglicht, sich selbst auf eine neue Weise zu sehen, und das Björn mit Begeisterung aufgreift:

> Th1: Ich habe den Eindruck, daß Du ein richtiger Berater für Deine Eltern bist, wenn Du immer daran denkst, wie Du ihnen helfen kannst.
> Björn (mit Nachdruck): Das stimmt. Ich berate meine Eltern!
> Th1: Kann es sein, daß die anderen Kinder gar nicht verstehen, wie anstrengend eine solche Arbeit ist? Daß die eher glauben, mit Björn kann man nichts unternehmen, der denkt immer an was anderes?

> Björn: Die wissen ja gar nicht, daß ich meine Eltern berate. Ich sage denen nichts. Das soll mein Geheimnis bleiben.
> Th1: Da tust Du ja so, als wärst Du ein Kollege von uns hier, ohne Studium, erst 7 Jahre, aber Elternberater.
> Th2: Wie lange, glaubst Du, braucht Vater noch einen Elternberater?
> Björn (nach längerer Rechnerei): Bis 80 oder 90 Jahre. Dann kann er ja nicht mehr alles.
> Th1: Da hast Du Dir ja einen Lebensjob ausgesucht. Was müßten wir tun, damit Du als Berater einmal Urlaub machen kannst?

Auf diese Frage fällt Björn nichts ein, statt dessen zählt er seine Hobbies auf: Steinesammeln mit dem Vater, Waldlauf mit dem Vater, Malkurs für den Vater organisieren. Auf weitere Fragen äußert er, mit dem Beraterjob sei er 5 Tage pro Woche beschäftigt. An dieser Stelle unterbricht Th3 noch einmal die Sitzung.

Das Bild des Elternberaters stellt eine Metapher dar, die ein Beziehungsmuster symbolisch vereinfacht und auf einen Nenner bringt. In diesem Beispiel bietet das Bild des „Elternberaters" Björn zum erstenmal die Möglichkeit, seiner Verwirrung und seiner Belastung eine positive Bedeutung zu geben und Anerkennung zu erhalten.

Die Therapeuten beschließen aber, Björn von seiner Elternrolle zu entlasten und selbst diese Aufgabe der Sorge um seine Eltern zeitweise zu übernehmen. Nach einer kurzen Pause macht Th2 dem Jungen die folgende Eröffnung:

Th2: Der Kollege hat uns herausgerufen, weil er den Eindruck hat, daß Du im Streß bist. Wir wollen deutlich reden. Hier ist es anders als zuhause. Wenn Du dort der Berater für Deine Eltern bist, sind wir hier die Chefberater. Du kannst Deinen Job zuhause weitermachen, wenn Deine Eltern Dir das erlauben, aber hier geht das nicht, weil das unsere Arbeit ist. Deshalb haben wir überlegt, daß Du rüber zu Th3 gehen kannst und Dir das weitere Gespräch im Fernsehen anschauen kannst.
Björn (sofort): Ist das ein Schwarz-Weiß-Fernseher? (Th2: Nein) Toll, dann kann ich Dich (zu Vater) ganz in Farbe sehen!

Björn geht sofort bereitwillig – und entlastet – in den Videoraum. Er zeigt dort kein altkluges Verhalten mehr, interessiert sich für die Technik und verfolgt konzentriert das Gespräch. Im Anschluß spricht Th1 gegenüber dem Ehepaar die Vermutung der Therapeuten aus, daß Björn mit seinem Beschäftigungsprogramm für den Vater diesen zuhause festhalten möchte, weil er Angst hat, daß der Vater sich vielleicht trennen will. Es stellt sich aber heraus, daß sich vielmehr Frau Koch in den vergangenen Jahren öfter trennen wollte, worüber sie in ihrer Einzeltherapie lange gesprochen hat. Seit dieser Zeit verhält sich Björn auch so auffällig. Früher hatte Frau Koch einen besseren Kontakt zum Sohn („naturgemäß"), während ihr Mann den Zugang zu ihm nicht so recht fand. Heute gehe ihr Björn mit seinem Verhalten öfter auf die Nerven, während ihr Mann mit großer Ausdauer seinem Sohn alle Dinge der Welt erkläre. Sie vermutet, daß er auch sehr stolz darauf sei, daß sein Sohn sich so gut ausdrücken könne. Ihr Mann stimmt dem zu. Th1 kommt auf den ehelichen Konflikt zurück, in dem Herr Koch seine Unzufriedenheit durch Nörgelei, übertriebene Pingeligkeit und lautstarke Vorwürfe und Frau Koch ihre Frustration durch Weinen zum Ausdruck bringt. Th1 fragt die Mutter: „Wie schafft es Björn, daß sein Vater nicht zu weinen braucht? Könnte es sein, daß ihm ohne Björns Beschäftigungsprogramm zum Heulen zumute sein könnte?" Frau Koch kann sich zunächst nicht vorstellen, daß ihrem Mann zum Weinen sein könne. Er ziehe sich eher in den Keller zurück.

Es gibt – so sehen es die Therapeuten – praktisch zwei Paare, Mutter und ihre Therapeutin sowie Vater und Sohn, welcher sich zur Aufgabe gesetzt hat, Vater zu trösten, aber auch, Mutter bei der Stange zu halten. Obwohl beide der Ansicht sind, daß Björns Grübelei über eine mögliche Trennung nicht unbegründet ist, sehen sie keinen akuten Anlaß, für ein Auseinandergehen. Im weiteren Verlauf des Gespräches wird ihr Interesse an einer weiteren Klärung des Paarkonfliktes immer stärker, Björn als Problemlieferant rückt in den Hintergrund. Gegen Ende der Sitzung spricht Th2 noch einmal das Dilemma von Björn an, der das Gespräch ja verfolgt:

> „Wir wissen, daß Kinder in Björns Alter oft nicht verstehen, warum sich die Eltern nicht immer gut vertragen, und dann die Schuld bei sich selbst suchen. Uns ist deshalb sehr wichtig, ganz klar zu machen, daß Björn keine Schuld an einer möglichen Trennung von Ihnen

hat. Für die Zukunft wäre es vielleicht notwendig, daß Sie beide als Paar ihre Beziehung miteinander klären, ohne Björn zu erlauben, daß er weiter eine so wichtige Rolle für Sie spielt."

Nach einer letzten Pause ist die Familie wieder versammelt und hört den Abschlußkommentar und die Aufgaben der Therapeuten an. Diese „kündigen" Björn feierlich den Elternberaterjob, weil er seine Arbeit sehr lange und gut getan hätte, nun aber die Therapeuten diese Aufgabe übernehmen würden. Dem Vater wird aufgegeben, auf mögliche Rückfälle seines Sohnes zu achten und entsprechend gegenzusteuern.

Die Eltern werden zu einem Paargespräch ohne den Sohn eingeladen. Beide sollen sich gegenseitig in der Zwischenzeit je ein Mal einladen. Der Einladende soll dann dem Partner mitteilen, wie er die Situation in der Ehe einschätzt, was ihm fehlt, was er erreichen möchte. Der andere soll jeweils zuhören, ohne eine Diskussion zu beginnen. Die Ergebnisse dieser Aufgabe sollen dann beim nächsten Gespräch besprochen werden.

Björn ist zunächst ein wenig enttäuscht von seiner „Kündigung" und will seinen Eltern das Versprechen abnehmen, ihm alles über die nächste Sitzung zu berichten. Tatsächlich führt diese Kündigung aber bei ihm zu einer andauernden Beruhigung. Wie der Vater berichtet, wird Björn vor dem zweiten Gespräch von der Großmutter gefragt, wie es denn den Eltern ginge, und antwortet: „Das weiß ich nicht, ich bin kein Elternberater mehr."

Das Erstgespräch hat aber auch bei den Eltern einiges in Gang gesetzt. Herr Koch beschreibt seine Bestürzung in Bezug auf die Sache mit dem Elternberater: zum erstenmal habe er die Situation seines Sohnes so gesehen, nachdem er zuvor nur ein diffuses Unbehagen verspürt hätte. Gleichzeitig sei es ihm aber wie Schuppen von den Augen gefallen, daß er selbst in seiner eigenen Familie als Kind ebenfalls den Elternberater gespielt hat und diesen Job eigentlich bis heute ausübt. Er erzählt nun von den Belastungen seiner Kindheit, die ihn auch heute noch einholen.

Auch Frau Koch hat einen neuen Schritt getan und in der Zwischenzeit die Schlafzimmertüre wieder geschlossen, ohne daß Björn protestiert hätte. Wir haben den Eindruck, daß das Paar mehr Interesse füreinander signalisiert.

Aus diesem Interesse heraus entwickelt sich eine längere Paartherapie, in der es vor allem um die Probleme von Nähe und Distanz in der Beziehung sowie um die problematische Ablösung bzw. nachhaltige Bindung beider an ihre Ursprungsfamilien geht. Dabei gelingt es den Kochs, Björn nicht mehr als Bündnispartner zu beanspruchen. Fortan kann er sich, wie die Eltern berichten, trotz der Schwierigkeiten in der Beziehung seiner Eltern besser auf die Schule konzentrieren, mehr Freunde gewinnen und sein altkluges Erwachsensein aufgeben.

Es sei hervorgehoben, daß natürlich nicht alle angebotenen Symptome von Kindern ähnlich schnell verschwinden. Dies hängt sehr stark auch von den Ressourcen der Eltern ab, von ihrer Flexibilität, Fähigkeit und Bereitschaft, auf die entlastende Funktion zu verzichten, die ihre Kinder ihnen anbieten. Nicht zuletzt erhalten Kinder durch ihre „Aufgabe" eine gewisse Macht in der Familie, auf die sie nicht immer leicht verzichten wollen. Aber auch in einem längeren Prozeß ist eine klare Haltung der Therapeuten wichtig, die aktiv die Kinder entlastet und Eltern gleichzeitig eine Unterstützung bei der Klärung oder Lösung ihrer Beziehungsschwierigkeiten anbietet.

– 5 –
Wenn Ablösungsversuche immer wieder scheitern

Frau Alt, 52 Jahre, meldet sich auf Rat ihres Arztes in unserer Praxis. Die Überweisung erfolgte wegen Alkoholismus und Depressionen. Wir vereinbaren ein Gespräch, zu dem sie alleine kommen möchte, weil sie alleine lebt und nicht weiß, wen sie mitbringen soll. Mit ihrer Tochter habe sie sich zerstritten, die Mutter sei zu krank und die Schwester mag sie nicht bitten.

Wir schicken ihr einen Fragebogen zu, den sie unausgefüllt zum ersten Termin mitbringt. Sie verhält sich so, als habe die Fahrt in die Praxis alle Kraft gekostet. Sie weint so viel, daß ein Gespräch kaum möglich ist. Wir haben den Eindruck, daß das Einzelgespräch für Frau Alt eine Überforderung darstellt und es leichter für sie wäre, wenn sich die Therapeuten nicht voll auf sie konzentrieren würden, sondern ihre Familie zu ihrer Entlastung an dem Gespräch teilnehmen könnte. Deshalb unterbrechen wir nach kurzer Zeit das Gespräch und überlegen, wie wir sie motivieren können, ihre Familie doch einzubeziehen.

Zu unserer Überraschung geht sie sofort auf den Vorschlag ein, die Verwandten einzuladen, und berichtet, daß ihre Mutter und ihre Schwester sie bereits gefragt hätten, warum sie in unsere Praxis kommt. Die beiden seien der Meinung, daß sie lieber schnell wieder arbeiten gehen solle, weil sie eine sinnvolle Aufgabe bräuchte, um wieder Halt zu finden.

Wir entscheiden uns, ihre Reaktion positiv zu werten und gleichzeitig eine gewisse Skepsis zu zeigen. Daraufhin geht sie sofort auf unsere Skepsis ein und stellt den Sinn dieser Idee wieder in Frage. Sie hat Angst davor, für ihre Verwandten eine Zumutung zu sein. Wir bieten deshalb zu ihrer Entlastung an, die Familienmitglieder selbst einzuladen. Sie stimmt dem erleichtert zu.

Die Familienmitglieder waren zur Überraschung der Patientin sofort bereit zu kommen, weil sie selbstverständlich alles tun wollten, um der Mutter, Schwester bzw. Tochter zu helfen.

Wir planen für die erste gemeinsame Sitzung eine „Familienrekonstruktion", d.h. wir wollen mit Hilfe eines Familienstammbaumes, eines sogenannten Genogramms, einen Leitfaden entwickeln, der sowohl den anwesenden Frauen als auch uns erlaubt, größere Zusammenhänge in der Familiengeschichte zu sehen und zu verstehen.

Ein Genogramm gibt einen schnellen Überblick über Fakten, Muster und Traditionen in Familien. Man erfährt,
- wie z.B. Krankheiten, Todesfälle, Schicksalsschläge das Lebensgefühl des Einzelnen prägen,
- wie über Mythen und Geschichten Familienmitglieder idealisiert oder abgewertet werden,

- wie Zusammenhänge nicht wahrgenommen oder im Familienstil umgedeutet, wie Loyalitäten und Zuschreibungen gewertet und gewichtet werden,
- wieweit jeder seinen Platz in der Familie selbst bestimmen darf, ohne Regeln zu verletzen,
- wie Ausbruchsversuche aus der Familie motiviert sind und
- wie auf immer wieder gleiche Weise Ablösungs- und Emanzipationsbestrebungen scheitern.

Dabei ist es sinnvoll, die einzelnen Generationen wie Jahresringe nacheinander für sich zu betrachten und erst in der Gesamtschau miteinander zu verknüpfen. Das Genogramm stellt ein Angebot für die Familie dar, bisher bekannte, aber nicht miteinander verknüpfte Ereignisse in neuen Zusammenhängen zu erleben. Es geht dabei nicht darum zu vermitteln, wie vorbestimmt der Einzelne zu sein scheint, sondern Neugierde zu wecken, zumindest spielerisch ganz andere Wege der Verständigung über die Familiengeschichte zu gehen als bisher üblich.

Ein Genogramm kann aus praktischen Gründen nur über eine Person erstellt werden. Diese Person nennt man Indexperson. Zu ihr werden die nahen und entfernteren Familienangehörigen über Linien und Symbole in Beziehung gesetzt. Über die Indexperson werden die Bezeichnungen für Mutter, Schwester, Schwager usw. festgelegt. So können irreführende

Bezeichnungen ausgeschlossen werden und es bleibt klar, aus welcher Einstellung das Genogramm betrachtet wird.

Die Familie von Frau Helene Alt, unserer Indexperson, erklärt sich sofort bereit, an der Erstellung eines solchen Genogramms mitzuwirken. Wir beginnen mit der Jüngsten in der Runde, mit der Tochter unserer Patientin, Jutta Brandt.

Sie ist in zweiter Ehe verheiratet und hat zwei Kinder. Auf die Frage, wie es zu der Trennung von ihrem ersten Ehemann gekommen ist, greifen die Schwester und die Mutter von Frau Alt ein und bezeichnen den ersten Mann von Jutta als brutalen Alkoholiker. Sie protestiert:

„Ich habe ihn eigentlich sehr gemocht. Er hat mir versprochen, die Sterne vom Himmel zu holen. Ich war sehr verliebt in ihn und froh, daß er mir eine Möglichkeit geschaffen hat, eine eigene heile Familie zu gründen, nach der ich mich immer gesehnt habe. Meine Eltern haben eigentlich nur getrunken. Jetzt habe ich einen zweiten Mann, der nicht trinkt. Ich lebe mit ihm seit 8 Jahren zusammen und habe endlich das Richtige. Man macht halt Fehler, wenn man jung ist und hört aus Protest nicht auf die Eltern."

Ihre Großmutter, Frau Wesel, bestätigt, daß die Enkelin teures Lehrgeld hätte bezahlen müssen, aber daß sich nun alles zum besten gewendet habe. Frau Alt sitzt, in sich zusammengesunken, stumm dabei. Als es im Genogramm um ihre Ehe geht, ergreifen ihre Schwester, Frau Becker, und ihre Mutter für sie das Wort.

Sie erzählen, daß Frau Alt viel zu früh heiraten mußte und von ihrem ersten Mann, der Alkoholiker war, ausgenutzt wurde. Frau Wesel:

„Das hat sie nun davon. Ich habe es ihr gleich gesagt, mit der zweiten Ehe hat sie den gleichen Fehler noch einmal gemacht. Jetzt trinken sie beide bzw. hat sie sich vor kurzem von dem auch getrennt, aber das ist nicht so ganz klar. Es ist eine Schande. Wir haben alle unsere zweite Chance genutzt."

Frau Brandt versucht, ihre Mutter und ihren leiblichen Vater zu entlasten und bedauert, daß die beiden sich getrennt haben. Frau Alt weint und beschuldigt sich erneut: „Ich habe alles falsch gemacht. Keiner steht zu mir. Alle haben sich abgewendet." Daraufhin erhebt sich gemeinsamer Protest aller anderen: „Das kannst Du so nicht sagen. Wir haben Dich immer gemocht, aber Du hast nicht hören wollen."

Frau Wesel beginnt zögernd, ihre eigene Situation zu schildern:

„Fragen Sie mich nicht nach Tag und Datum, ich weiß es nicht mehr. Außerdem ist es auch gar nicht so wichtig." Frau Becker greift ein: „Meine Mutter war auch zweimal verheiratet, Helene stammt aus der ersten Ehe. Darüber mag Mutter nicht reden." Frau Wesel: „Doch, doch, aber warum in der Vergangenheit graben. Da war halt Krieg und der Mann ist nicht wiedergekommen, der hat sich einfach eine andere genommen. Die Eltern hatten mir auch dringend davon abgeraten, ihn zu heiraten. Danach habe ich einen gefunden, der mich mit dem Kind von dem anderen genommen hat, Erikas Vater. Fragen Sie mich nicht nach Tag und Datum." Frau Becker: „Das war, als Helene 8 Jahre alt war." Mutter: „Nein, die war 7. Das war im Juni 1945."

Auf die Frage, wie es denn mit ihrer eigenen Mutter gewesen ist, meint Frau Wesel: „Damit habe ich mich nie beschäftigt. Fragen Sie die Erika, die weiß das." Frau Becker: „Mutters Mutter hat auch mit 18 ihr erstes Kind gekriegt und sich dann mit 20 verheiratet. So ungefähr muß das gewesen sein."

Bei der Zusammenstellung der Daten ergibt sich, daß alle Frauen über die letzten Generationen mit 17 schwanger wurden und mit 18 ihr erstes Kind bekamen. Alle heirateten den Vater ihres ersten Kindes, alle ersten Männer waren Alkoholiker, alle sind inzwischen von ihren ersten Männern geschieden. Dagegen wendet Frau Becker ein: „Ich war 22 und habe geheiratet, bevor ich mein erstes Kind bekam!".

Im weiteren Verlauf des Gespräches gaben die Frauen die vordergründig gezeigte Loyalität zueinander auf und es stellte sich heraus, daß außer Frau Becker alle Frauen in diesen vier Generationen als Kinder Angst vor den trinkenden und gewalttätigen Vätern hatten, und sich nicht ausreichend von ihren Müttern geschützt fühlten. Weil die damit verbundenen Enttäuschungen nie in einem offenen Gespräch geklärt werden konnten, suchte jede über eine frühe Bindung zu einem Partner aus der Familie auszubrechen. Dabei wiederholten sie, ohne es sich bewußt zu machen, die Erfahrungen ihrer Mütter. Trotzdem hatte jede das Gefühl, ganz individuell eine eigene Chance zu nutzen. Während der erste Partner jeweils nur als „Fluchthelfer" aus den Herkunftsfamilien diente, konnten die Frauen sich beim zweiten Mann genauer anschauen, mit wem sie sich auf eine Beziehung einließen.

Die unterschiedliche Bewertung der ersten und zweiten Ehen drückt sich am offensichtlichsten in der Beziehung von Erika Becker und Helene Alt aus. Erika gilt als die positive Ausnahme. Sie ist in erster Ehe glücklich verheiratet. Dazu die Begründung der Mutter: „Sie wurde in geordneten Verhältnissen geboren, mein zweiter Mann war in Ordnung." Die negative Variante wird durch die Patientin selbst verkörpert. Die Erklärung von Frau Becker: „Ihr Vater hat Mutter betrogen und einfach sitzen lassen. Das hat sie ihm nie verziehen."

Als Frau Wesel 1987 nach dem Tod ihrer Mutter Geld erbte, hat sie es beiden Töchtern weitergegeben. Die „gute Tochter" hat daraufhin die Mutter in ihr Haus aufgenommen. Die „schlechte Tochter" gab das Geld an ihre Tochter, Frau Brandt, weiter, um sich selbst dort einzukaufen. Diese nahm zwar das Geld zur Renovierung ihrer Wohnung, hatte dann aber dort keinen Platz für die Mutter.

Diese Erfahrungen haben dazu geführt, daß Frau Alt meint, daß sie ihr Leben lang vom Pech verfolgt werde. Sie wurde von der Mutter nicht angenommen, auch im zweiten Anlauf ist ihre Ehe gescheitert, sie wird auch von der eigenen Tochter nicht in deren Haus geholt. Ihre Bilanz: „Ich will ja, aber ich schaffe es nicht!". Hier wird deutlich, daß Frau Alt ihr gesamtes Lebensgefühl darüber bestimmt, wie die Familie in ihrer Wahrnehmung zu ihr steht. Sie nimmt nicht wahr, daß sie eigentlich in ihrem Beruf erfolgreich und auch beliebt ist, und dort jederzeit wieder beginnen kann.

Unsere Arbeit in den folgenden Einzelgesprächen bestand darin, mit ihr Möglichkeiten der Selbstbestätigung außerhalb der Familie zu suchen. Bei der gemeinsamen Betrachtung der Videoaufzeichnung des Familiengesprächs wurde ihr klar, daß sie von ihrer Familie keine Unterstützung, sondern eher Vorwürfe zu erwarten hatte, was sie zum erstenmal ärgerte.

Wir versuchen, über die Einführung des Motivs von Gold- und Pechmarie aus dem Märchen von Frau Holle der Patientin eine distanzierte Betrachtung ihrer Situation zu erleichtern. Dieses Bild greift sie sofort auf. Sie erzählt, daß sie sich schon immer so gefühlt hat wie das Mädchen, das von seiner Mutter so stiefmütterlich behandelt wurde, während die Schwester alles bekam. Das sei so bis heute. Sie könne machen, was sie wolle, da käme von der Mutter nichts außer Vorwürfen. Wir lassen sie ihre Einfälle sehr breit schildern, um die Identifikation mit der Märchenfigur fest zu verankern.

Dann weisen wir auf den weiteren Verlauf des Märchens hin. In ihm wird mit einfachen Bildern einleuchtend nachgewiesen, daß das Mädchen sich *außerhalb* der Familie nur auf ihre bisherigen Fähigkeiten besinnen brauchte, um den Erfolg zu haben, der ihr *in* der Familie versagt blieb. Als das Mädchen nicht mehr auf die Anerkennung durch die Mutter fixiert war, fiel ihm alles in den Schoß.

Frau Alt hört nachdenklich zu und sagt: „Das bin ja ich. Wie könnte ich denn das machen?" Wir brauchten danach mit ihr nur noch diese neue Sichtweise auszubauen. Sie verlor ihre Angst, sich endgültig aus ihrer Familie lösen zu müssen, und konnte erstmalig Bestätigung außerhalb der Familie suchen und akzeptieren.

Leider konnten wir sie zu unserem üblichen Nachgespräch nicht mehr erreichen, weil sie umgezogen war. Wir nehmen das als einen Hinweis, daß sie sich weiter verselbständigt hat.

– 6 –
Es muß nicht immer Trennung sein

Wir lernen die Familie Schulz nach einem Selbstmordversuch des Vaters kennen. Zum ersten Gespräch erscheinen der Vater Alfred, 50 Jahre alt, Versicherungsangestellter, seine Frau Brigitte, 37 Jahre alt, Kassiererin, die Tochter Christa, 17, die gerade eine Lehre als Verkäuferin macht, und der Sohn Dieter, 15, der noch zur Schule geht.

1. Sitzung

Frau Schulz und die Kinder sind über den Selbstmordversuch erschüttert. Frühere Andeutungen von Alfred, sich das Leben zu nehmen, hatte niemand für eine ernsthafte Ankündigung gehalten. Wir versuchen, mit der Familie herauszuarbeiten, ob sie den Selbstmordversuch als Hilferuf, als Protest oder als konsequenten Entschluß, sich von allen Anforderungen zu befreien, einschätzt.

Im Gespräch kommt heraus, daß Herr Schulz in seinem Beruf keine Zukunft mehr sah. Sein neuer Chef setzte ihn aufs Abstellgleis und übergab seine bisherigen Aufgaben an einen jüngeren Kollegen, den Herr Schulz vorher nichtsahnend sorgfältig eingearbeitet hatte.

> Christa: Die haben ihn ausgenutzt. Er hätte auf den Putz hauen sollen.
> Mutter: Daran ist er selber schuld. Er hat nie etwas gesagt, sondern sich einfach überfahren lassen.

Vater: Ihr wißt ja gar nicht, wie das bei einer Versicherung zugeht.

Th: Dieter, meinst Du, daß Vater im Beruf noch andere Chancen gehabt hätte?

Dieter: Ich glaube nicht.

Th: Warum hat Ihr Mann es vorgezogen, gegen seine Belastungen am Arbeitsplatz nicht zu protestieren?

Mutter: Er hat immer nur zuhause geklagt. Da hört von uns schon keiner mehr hin.

Th: Christa, wie müßte Vater sich zuhause verhalten, damit Mutter ihm wieder zuhören kann?

Christa: Nicht immer nur klagen oder im Keller verschwinden.

Vater: Ich kann es Euch ja doch nicht recht machen. Auf mich hört ja keiner mehr.

Th: Was meint Vater damit?

Dieter: Das ist schwierig. Ich halte mich da raus.

Christa: Wir leben so, als ob er gar nicht da wäre.

Th: Woran wird das deutlich?

Christa: An allem.

Th: Könnt Ihr mal ein Beispiel erzählen, damit ich mir das besser vorstellen kann.

Dieter: Wir fragen eigentlich immer nur Mama, weil er sich nie entscheiden kann.

Th: War das schon immer so?

Christa: Ja.

Th (zur Mutter): Sehen Sie das auch so?

Mutter: Nein. Früher war das anders. Ich war ja noch sehr jung, als wir heirateten. Damals war er ein ganz anderer Mensch.

Th: Ab wann hat er sich denn entschieden, Ihnen mehr von seiner ursprünglichen Aktivität zu überlassen?

Mutter: Ich weiß es nicht. Das hat sich so ergeben mit den Jahren. Vielleicht seitdem die Kinder in der Schule sind, da habe ich alles übernommen.

Th: Dieter, nehmen wir mal an, der Vater würde wieder aktiv werden und Entscheidungen treffen wollen. Würde

es Mutter dann leicht fallen, die Verantwortung wieder zurückzugeben?
Dieter: Das hat sich jetzt so eingespielt, da brauch man nicht dran rütteln.
Christa: Papa reagiert dann gleich so überzogen. Dabei hatten wir eigentlich nie einen richtigen Vater.
Th (zu Herrn Schulz): Wie sehen Sie das?
Vater: Ich hatte selbst keinen Vater. Meiner Frau würde ich es jetzt sowieso nicht rechtmachen.
Mutter: Ich hab' das all' die Jahre gemacht, ohne zu klagen, hab' meine Wünsche zurückgestellt, aber das hat mir niemand gedankt. Jetzt werden mir sogar aus seiner Familie Vorwürfe gemacht, daß ich an allem Schuld bin.

Es zeigt sich, daß Frau Schulz von ihrem Mann mehr Aktivität erwartet. Sie ist enttäuscht. Sie hat einen ganz anderen Mann geheiratet, ihre Erwartungen haben sich nicht erfüllt. Mit dem Eintritt der Kinder in die Schule vor 10 Jahren wurde die Veränderung für sie greifbar. Sie hatte aber nicht gegengesteuert, sondern die Entwicklung weiterlaufen lassen, indem sie alles auf sich nahm. Für diese aufopfernde Rolle hatte sie eigentlich Dank auch von ihrem Mann erwartet, stattdessen werden ihr jetzt Vorwürfe aus seiner Familie gemacht, an seinem Selbstmordversuch schuld zu sein. Wir halten es für wichtig, mit ihr zu klären, wie wichtig ihr ihre Wünsche sind, und wie sie diese in die Familie einbringen kann.

Ihr Mann hat sich im Laufe der letzten Jahre offensichtlich ins Abseits manövriert. Sowohl im Beruf, als auch zuhause wird er nicht mehr gebraucht.

Seine Konsequenz, dann lieber ganz aus dem Leben zu gehen, erscheint vor diesem Hintergrund nachvollziehbar. Erste Klärungsversuche, ob er sich wieder einen Platz in der Familie erobern will oder darf, zeigen, daß dies ein schwieriger Weg werden wird. Seine Rückkehr in die Familie bedeutet, daß alle Rollen neu verteilt werden müßten. Wir entschließen uns daher, nicht vorschnell seine Integration in die Familie als Problemlösung anzubieten und zu unterstützen, um die Familie nicht zu überfordern.

Auch die Kinder zeigen kein großes Interesse daran, daß Herr Schulz aktiv die Vaterrolle übernimmt. Die Tochter drückt besonders deutlich aus, daß sie enttäuscht ist. Ihren berechtigten Wunsch nach einem Vater konnte dieser nicht erfüllen. Zudem kümmerte sie sich schon früh um die Mutter, die die Tochter in ihre Probleme einweihte. Sie ist sich nicht sicher, ob die Eltern näher aneinander rücken, wenn sie Vater eine Chance gibt, oder ob Mutter kein Interesse an der Wiederbelebung der Paarbeziehung hat. Dieter versucht eher diplomatisch, seinen Wunsch nach Kontakt mit dem Vater nicht deutlich werden zu lassen, weil er befürchtet, sonst der Mutter gegenüber illoyal zu erscheinen. Wir haben den Eindruck, daß es für beide Kinder eine Entlastung sein könnte, wenn wir ihnen die Sorge um die Beziehung ihrer Eltern abnehmen.

Wir sprechen deshalb noch eine Weile mit der Familie über die bisherige Bedeutung der Kinder für die Eltern. Durch eine sehr plötzliche Schwangerschaft – die Eltern kannten sich erst 8 Wochen – fühlten diese sich verpflichtet, schnell zu heiraten. Sie haben also nie für eine Zeit als Paar gemeinsam gelebt, nie ausprobiert, wie es ihnen ohne Verantwortung für die Kinder miteinander geht. Jetzt stehen sie vor der Situation, daß die Kinder bald das Haus verlassen, was für ihre Beziehung neue, unbekannte Belastungen mit sich bringen könnte.

Beide müssen sich überlegen, ob sie ihre Beziehung weiterführen wollen, ohne sich auf die Versorgung ihrer Kinder zu konzentrieren. Herr Schulz versuchte, sich in dieser Situation umzubringen. Sie sagt: „Ich habe in letzter Zeit, wo die Kinder auch abends und am Wochenende weg sind, öfter an Trennung gedacht." Wir bieten an, daß man sich in ihrer Situation sowohl für eine Trennung als auch für die Neugier auf den anderen und ein mögliches Leben zu zweit entscheiden kann.

Bevor wir mit dem Paar Zukunftsperspektiven erarbeiten, wollen wir wissen, auf welchem Fundament die Beziehung steht. Wir laden deshalb zum Ende des Gespräches nur das Paar zur nächsten Sitzung ein. Die Kinder blicken skeptisch und fragen die Mutter, was sie von dem Vorschlag hält. Als Frau Schulz grünes Licht gibt und deutlich ihr Interesse an Paargesprächen äußert, sind Christa und Dieter erleichtert und sagen, daß sie eigentlich auch etwas Besseres vorhätten.

2. Sitzung

Wir beginnen mit der Frage, wie sich die Eltern kennengelernt haben und was sie an ihrem Partner am beeindruckendsten fanden. Mit dieser Frage kann man sich von den aktuellen Alltagsschwierigkeiten lösen: häufig zeigen die Paare durch eine entspannte Körperhaltung und ein versonnenes Lächeln, daß sie sich gerne an diese Zeit erinnern.

> Sie: Ich fand ihn toll. Wir haben uns beim Tanzen kennengelernt. Mir hat gefallen, daß sich ein älterer Mann (sie lacht) – das war er ja damals für mich – für mich interessierte. Ich wollte immer schon so einen zum Ankuscheln haben.
> Er: Ich muß Ihnen erst von meinen Enttäuschungen vorher erzählen!
> Sie (lacht): So ist das: ich würde mir wünschen, daß er einmal zugibt, daß er auch verliebt war.
> Er: Später schon, aber am Anfang habe ich eher an die Frau davor gedacht.
> Th: Was hat Ihnen denn an Ihrer Frau gut gefallen?
> Er: Sie war bescheiden, sie sah gut aus, war anschmiegsam und hatte nicht so eine große Klappe wie die anderen.

Hier zeigt sich sehr schnell, daß beide sich ein Bild vom anderen gemacht hatten, dem dieser nicht entsprach. Sie wollte einen eher väterlichen Mann, an den sie sich anlehnen konnte, stattdessen mußte sie sehr bald selbst die Dinge in die Hand nehmen. Er wollte eine Frau, die sich bescheiden unterordnet, stattdessen sah er sich bald in einer Situation, in der er nicht mehr wußte, wo sein Platz war.

Wir erfahren, daß beide Herkunftsfamilien mit ihrer frühen Heirat nicht einverstanden waren und dem eingeheirateten Partner Vorwürfe machten. Ihre Familie über ihn: „Der ist zu alt!", seine Familie über sie: „Die hat ihn durch eine geplante Schwangerschaft ausgetrickst und an sich gebunden." Beide erzählen, daß dieser Widerstand aus den Herkunftsfamilien sie zusammengehalten hat, weil sie es denen beweisen wollten: „Sonst hätten wir uns vielleicht schon längst getrennt!".

Offensichtlich wird der Zusammenhalt des Paares gefördert, wenn von außen die Notwendigkeit einer Trennung unterstellt wird. Wir machen uns deshalb zum Advocatus Diaboli, indem wir Überlegungen ins Spiel bringen, ob nach allem, was gewesen ist, eine Trennung für beide nicht mehr Freiheit bedeuten könnte. Beide erklären daraufhin, daß sie sich nach der letzten Sitzung lange über unsere Frage nach einer möglichen Trennung oder Neugier auf etwas ganz anderes unterhalten hätten. Dabei sei ihnen aufgefallen, daß sie tatsächlich noch nie etwas ohne die Kinder unternommen hätten. Sie würden nun gerne herausfinden, ob sie nicht doch mehr Gemeinsamkeiten hätten. Wir entscheiden uns, weiter gegen den Strom zu schwimmen und geben zu bedenken, daß die Kinder sie doch noch brauchen würden. Jetzt rücken sie mit dem Plan heraus, für das übernächste Wochenende zwei zusätzliche Tage Urlaub zu nehmen, um zu zweit nach Wien zu fahren.

3. Sitzung

Beide sind nach diesem Kurzurlaub merklich enttäuscht. Er weiß nicht, warum seine Frau unzufrieden ist, obwohl er sich in letzter Zeit soviel Mühe gegeben hat. Sie fordert, daß er auch einmal auf ihre Wünsche eingehen soll.

>Th: Haben Sie eine Vorstellung davon, was Ihre Frau will?
>Er: Nein. Sie kriegt doch alles. Ich bin doch großzügig.
>Sie: Das meine ich doch gar nicht!
>Er: Was denn?
>Sie: Das begreifst Du nie!

Hier bahnt sich blitzschnell ein Streit über Mißverständnisse an, der beiden schon lange geläufig zu sein scheint. Ein Außenstehender kann gar nicht erkennen, worum es geht, aber beide reagieren allergisch, als wenn sie mit den Attacken des Partners bestens vertraut wären. Wir unterbrechen diesen nutzlosen Streit und schlagen vor, daß beide in einem kontrollierten Dialog dem anderen ihre Erwartungen und Wünsche mitteilen. Wir wollen damit herausfinden, was es so schwierig macht, den anderen wahrzunehmen, ohne sein Verhalten schon vorher zu interpretieren.

Beim ersten Versuch eines solchen Dialoges zeigt sich, daß Frau Schulz gar nicht in der Lage ist, ihre Wünsche deutlich zu äußern. Sie hatte bisher alles, was sie gerne wollte, immer wieder zurückgestellt. Jetzt wird jede Äußerung eines Wunsches überlagert von Ärger und dem Vorwurf, daß ihr Mann sich nicht die geringste Mühe gibt, sie zu verstehen und auf sie einzugehen. „Ich möchte *einmal,* daß Du am Wochenende mit *mir* einkaufen gehst, ohne daß Dir das mal wieder zu viel wird."

Herr Schulz greift aus diesem Satz nur das Negative heraus und reagiert seinerseits mit Ärger: „Selbst wenn ich mit Dir einkaufen gehe, witterst Du bei der kleinsten Meinungsverschiedenheit, daß ich überhaupt nichts mit Dir zu tun haben will!"

Bei solchen Abläufen ist der Inhalt austauschbar. Allerdings läßt sich die Form, in der eine solche Auseinandersetzung abläuft, relativ genau vorhersagen. Das Paar ist in ein sich endlos wiederholendes Streitmuster verstrickt, das durch einen kontrollierten Dialog unterbrochen werden kann, in dem der Partner wiederholen muß, was er gehört hat. Schaut man sich die Videoaufzeichnung hinterher gemeinsam an, kommen die Kontrahenten in die Position des kritischen Beobachters des eigenen Verhaltens und erleben, daß Veränderungen mit wenig Aufwand relativ schnell zu erreichen sind. Man darf aber als Therapeut nicht den Fehler machen, die anfängliche Verständnis- und Gemeinsamkeitsbegeisterung, die durch diese Übung ausgelöst werden kann, als Zeichen einer stabilen Änderung zu interpretieren. Das Paar hat ja bisher über Streit und Mißverständnisse seine Wünsche nach Nähe *und* Distanz ausbalanciert. Die Folge einer solchen ersten Aufbruchstimmung ist daher allzuoft das Bestreben, sich erneut vom Partner zu distanzieren.

4. Sitzung

In dieser Stunde wird dies zum Thema gemacht. Beide reagierten bisher auf Abgrenzungsbestrebungen des anderen stark verunsichert und mit der Angst, eigentlich überhaupt nicht gemocht zu werden. Sie hatten deshalb versucht, den anderen auf Distanz zu halten, um dieser Enttäuschung vorzubeugen. Beide hatten in ihrer Kindheit erleben müssen, daß ihre Wünsche nach Anerkennung und Geborgenheit nicht erfüllt wurden. Frau Schulz wuchs in einer Pflegefamilie auf, in der sie sich bloß geduldet fühlte. Ihr Mann wurde vom Vater mißhandelt und von der Mutter ignoriert, sobald er ihre Erwartungen nicht erfüllte. Beide provozieren den Partner, daß er sich genauso verhält, wie sie es von früher in Erinnerung haben. Wenn seine Frau trotz seiner Forderung nicht mit ihm schlafen will, sieht er darin eine Bestrafung und einen Hinweis darauf, daß sie sich irgendwann doch endgültig von ihm trennt. Wenn er auf ihre Wünsche nach Entlastung nicht eingeht, sieht sie darin den Beweis, daß er sie nur mag, wenn sie Vorleistungen bringt und ihre eigenen Wünsche zurückstellt.

Damit Schulzes sich nicht weiter als Opfer in ihren Strategien der Vermeidung von Zurückweisung verfangen, geben wir Ihnen eine Hausaufgabe, die das bisherige Verhaltensmuster unterbrechen soll. Für dieses Experiment übernehmen die Therapeuten die Verantwortung und entlasten damit das Paar von zu hohen wechselseitigen Erwartungen und Enttäuschungen. Mit dieser Aufgabe tritt an die Stelle von unwillkürlichen Abläufen geplantes Verhalten. Außerdem wird jeder aufgefordert, sich auf die *Handlungen* des anderen zu konzentrieren, anstatt seine Gedanken oder Gefühle erspüren zu wollen.

Wir schlagen dem Paar folgende Übung bis zum nächsten Termin in vier Wochen vor: in der 1. Woche soll sich Herr Schulz an zwei von ihm festzulegenden Tagen seiner Frau gegenüber deutlich abweisend und distanziert zeigen, ohne ihr mitzuteilen, welche Tage das sind. Sie soll dies ohne seine Hilfe herausfinden. In der 2. Woche bleibt die Aufgabe gleich, doch die beiden tauschen ihre Rollen. In der 3. Woche soll sich Frau Schulz an zwei Tagen auf besondere Weise um ihn bemühen, ihn umwerben, und er soll herausfinden, welche Tage das sind. Schließlich sollen in der 4. Woche noch einmal die Rollen getauscht werden und sie soll bestimmen, an welchen Tagen er besonders auf sie zugegangen ist. Erst beim nächsten Treffen sollen sie dann schildern, woran sie gemerkt haben, welchen Tag der andere jeweils ausgewählt hatte.

Diese Übung ist besonders interessant, weil sie die Voreinstellungen der Eheleute über das Verhalten des Partners durcheinanderbringt. Die Frage lautet: Ist er nett bzw. böse zu mir, weil er mich wirklich mag bzw. ablehnt, oder erfüllt er nur die Aufgabe der Therapeuten? Diese Frage beeinflußt die eigene Reaktion auf das Verhalten des anderen und beide machen zwangsläufig neue Erfahrungen miteinander die in der Therapie ausgewertet werden können.

5. Sitzung

Schulzes schildern, daß es ihnen leichter gefallen sei, sich abzugrenzen, als aufeinander zuzugehen. Entsprechend war es für beide schwieriger, die positiven Annäherungen des Partners zu erkennen. Dennoch sind beide sehr überrascht von den Erkenntnissen, die ihnen diese Aufgabe vermittelt hat. Wir sind beeindruckt von der Entschlossenheit und dem Mut des Paares, neue Wege miteinander auszuprobieren. Es sieht so aus, als wenn sie sich neu kennenlernen wollen und von den alten Erwartungen allmählich lösen. Als wir sie darauf ansprechen, meint Herr Schulz lachend: „Wir haben in der nächsten Zeit noch eine Menge nachzuholen," seine Frau fügt hinzu: „das kann man wohl sagen." Wir bestätigen sie deshalb in ihrer Zuversicht und schlagen ihnen vor, die Erfahrung der letzten Wochen ernst zu nehmen und sich auf ihre eigenen Möglichkeiten zu stützen. Wir bieten ihnen an, uns in ca. vier Monaten wieder zu sehen, wenn sie es möchten.

Mit dem Hinweis, daß es ihnen gut ginge, sagte Herr Schulz diesen Termin drei Wochen vorher ab.

– 7 –
Wenn die Kinder aus dem Haus sind: die Paarbeziehung im Alter

In Kapitel 4 haben wir die Rolle eines „Sorgenkindes" beschrieben, das auf Kosten seiner eigenen Entwicklung Aufgaben für seine Eltern übernahm. Wenn wir solche Sorgenkinder als kleine Kinder kennenlernen, ist es vergleichsweise leicht, die verdeckten Möglichkeiten der Eltern anzuregen und ihnen zu helfen, dem Kind den überfordernden Job zu kündigen. Nicht selten kommen wir aber erst mit den Sorgenkindern in Kontakt, wenn diese schon selber junge Erwachsene sind und der Konflikt über lange Zeit hinter einer nach außen hin angepaßten, unauffälligen schulischen Entwicklung gleichsam eingefroren war und allenfalls Kontaktschwierigkeiten mit Gleichaltrigen und eine weitgehende Zurückhaltung gegenüber dem anderen Geschlecht zu beobachten waren. Zur Krise kann es in ihren Familien kommen, wenn die jungen Erwachsenen durch äußere Zwänge wie Studium und Berufsausbildung das Elternhaus verlassen müssen oder durch die Auseinandersetzung mit eigenen sexuellen Bedürfnissen und den ersten sexuellen Erfahrungen irritiert werden. Die Eltern dieser Kinder wären in der Regel nie auf die Idee gekommen, für sich allein oder als Paar eine Therapie in Anspruch zu nehmen (wie in Kap. 6), auch wenn sie vielfach durch eigene Symptome und Krankheiten belastet sind.

Der Zusammenbruch eines jungen Erwachsenen führt zu einer verstärkten Rückbindung an die Eltern. Eine isolierte Einzelbehandlung würde gerade diese Auswirkung der Krise außer acht lassen und ist wenig erfolgversprechend. Es entsteht ein Dilemma: die bestürzten Eltern konzentrieren sich noch mehr auf ihre elterliche Sorgefunktion, der verunsicherte junge Erwachsene gewinnt noch stärker den Eindruck, die Eltern als Paar nicht allein lassen zu können. Die beste Hilfe für diese alt gewordenen Sorgenkinder können die Eltern selber leisten, indem sie eindeutige Signale der Abgrenzung zeigen. Dafür brauchen sie gezielte Unterstützung und Ermunterung. Die von ihnen zunächst als Zumutung erfahrene Abgrenzung von dem erwachsenen Kind ist der Schlüssel zu dessen Verselbständigung. Neue Signale der Eltern geben dem jungen Erwachsenen den entscheidenden Anstoß für die, wenn auch noch ängstlich-unsichere, Suche nach eigenen Wegen. Wenn die Eltern lernen, sich zurückzuhalten, müssen sie den bisherigen zentralen Raum, den das Kind einnimmt, neu definieren und sich als Paar aneignen.

Begleiten wir die Familie Knoll auf diesem schwierigen Weg. Die Familie wurde von einer Ärztin einer psychiatrischen Klinik an uns überwiesen. Der Sohn Stefan, 25 Jahre alt und Einzelkind, mußte wegen des Numerus Clausus einen sehr weit entfernten Studienort wählen. Dort erlitt er einen psychotischen Zusammenbruch, in dessen Verlauf es auch zu einem Selbstmordversuch kam. Er wurde zwei Monate stationär, vor allem medikamentös, behandelt. Der Vater, 61 Jahre alt und pensionierter Beamter in gehobener Laufbahn, beschreibt im Erstgespräch seine enge Bindung an den Sohn und macht sich Vorwürfe, nicht noch mehr auf den Sohn eingegangen zu sein, um den Zusammenbruch zu verhindern. Die Mutter, 58 Jahre alt und halbtags berufstätig, kritisiert diese Haltung ihres Mannes und die mangelnde Selbständigkeit des Sohnes, möchte aber andererseits auch nicht den Eindruck erwecken, daß sie sich zu wenig um den Sohn kümmert. Die gegenseitigen Vorwürfe und Enttäuschungen der Eltern bleiben aber eher unterschwellig und werden durch die gemeinsamen Beteuerungen, alles tun zu wollen, damit der Sohn wieder gesund wird, überlagert. Stefan sitzt zumeist still mit einem maskenhaften Lächeln daneben. Seine schlimmsten Befürchtungen sind, „daß es zu einem Ehekrach kommen könnte, die Mama zusammenbrechen und ausfallen würde und der Papa zu Tode betrübt ist."

Eine solche Belastungssituation zeichnete sich in der Zeit vor dem Zusammenbruch ab. Der Vater hatte sich nach seiner vorzeitigen Pensionierung, die wegen verschiedener psychosomatischer Krankheiten erfolgte, in alle möglichen Vereinsaktivitäten gestürzt, worauf Mutter mit verstärktem Unbehagen reagierte. Sie selber sah sich durch die ständigen Anrufe und Forderungen ihrer verwitweten Mutter unter Druck gesetzt, konnte dem aber nichts entgegensetzen. Dies machte Vater immer ärgerlicher. Der Wegzug des Sohnes brachte das bedrohte Gleichgewicht vollends in Gefahr.

In den ersten Gesprächen zeichneten wir ein Bild von Stefan als dem selbst ernannten „Sozialarbeiter" der Familie. Er engagierte sich als „Altenpfleger" der Großmutter mütterlicherseits, mit der er in permanentem Kontakt stand. Damit entlastete er seine Mutter und verpflichtete die Eltern zugleich, die Oma bei allen gemeinsamen Aktivitäten mitzunehmen. Er betätigte sich als „Animateur" des Vaters, der nach übereinstimmender Meinung in seiner rastlosen Art gar nicht zur Ruhe kommen durfte. Er suchte z.B. für ihn passende Volkshochschulkurse aus. Vor allem aber spielte er den Vermittler zwischen den Eltern, der bei „dicker Luft" zwischen Mutter in der Küche und Vater im Wohnzimmer hin und her lief und sich um Ausgleich bemühte.

Die Krise des Sohnes führte zu einem noch stärkeren Zusammenschluß aller drei, die sich durch Selbstbeschwichtigungen gegenseitig zu beruhigen versuchten. Die Angst vor einer erneuten Katastrophe wuchs aber in dem Maße, wie der Zeitpunkt für die erneute Aufnahme des Studiums näherrückte. Stefan bekam ein Auto, damit er wenigstens jedes Wochenende nach Hause fahren konnte. Ein direktes Gespräch über ihre wachsenden Ängste war den Eltern nicht möglich. Sie zeigten stattdessen verstärkt psychosomatische Symptome.

In dieser Situation bedienten wir uns einer Vorgehensweise, die als „Teamsplitting" bezeichnet wird: der behandelnde Therapeut unterstützt die Bemühungen und Anstrengungen der Familienmitglieder und ihre Hoffnung, das Problem der erneuten Trennung zu meistern. Zugleich berichtet er, daß der Kollege vor dem Videoschirm im Nachbarraum noch skeptisch ist. Er halte den Zeitpunkt der angepeilten Trennung für viel zu früh, weil die Familie noch mehr Zeit und Sicherheit braucht. Die Eltern reagierten irritiert, fast schon erschrocken auf diese Mitteilung. Im weiteren Verlauf hatten sie aber so die Gelegenheit, sich mit ihren eigenen Ängsten auseinanderzusetzen, indem sie darüber nachdachten, warum der Kollege so skeptisch ist, und was passieren müßte, um seine Befürchtungen zu zerstreuen. Schließlich machten wir den Eltern das Angebot, bei Wiederaufnahme des Studiums durch den Sohn in Paargesprächen herauszufinden, wie sie Stefan noch besser unterstützen könnten.

In den folgenden Paargesprächen zeigte sich eine weitgehende Blockierung der Eltern, die es ihnen unmöglich machte, ihre Ressourcen als Paar freizusetzen: Vater regte sich auf, wie sehr seine Frau mit ihrer Mutter beschäftigt sei, die immer höhere Ansprüche stelle. Frau Knoll beklagte, daß ihr Mann auch während der Woche in Stefans Abwesenheit fast ausschließlich mit ihm beschäftigt sei. Für gemeinsame Aktivitäten als Ehepaar schien da kein Platz zu sein. Durch Fragen verdeutlichten wir diesen Zusammenhang:

Th1: Was meinen Sie Frau Knoll, wieviel Stunden am Tag ist ihr Mann mit Stefan beschäftigt: 6, 8, 10 oder 12 Stunden?
Frau K.: Das kann ich gar nicht so genau sagen. Vielleicht 6 bis 7 Stunden.
Th1: Was muß passieren, daß Ihr Mann „Überstunden" macht?
Frau K.: Mmh, (überlegt) ja, zum Beispiel, wenn der Stefan eine Klausur schreiben muß, dann ist mein Mann mit nichts anderem beschäftigt. Der kniet sich da mit rein, telefoniert stundenlang mit Stefan, geht am Wochenende den Stoff mit ihm durch.
Th1: Was könnten Sie tun, um Ihren Mann zwischendurch auf andere Gedanken zu bringen, ihm eine Ablenkung, eine Ruhepause zu verschaffen?
Frau K.: Ich ihm eine Ruhepause verschaffen? Mmh, das habe ich so noch gar nicht überlegt. Vielleicht etwas mit ihm unternehmen, was ihn interessiert. Er geht ja gerne in Konzerte oder so.
Th1: Herr Knoll, wie ist das, wenn Ihre Frau morgens schon den ersten Anruf Ihrer Schwiegermutter erwartet?
Herr K.: Da ist die schon ganz rappelig. ‚Was hat sie wohl heut schon wieder?', sagt sie dann. Womöglich ist sie wieder auf einen Hausierer hereingefallen und hat irgendwelches unnütze Zeug für viel Geld bestellt.
Th1: Könnte es eine Entlastung für Ihre Frau sein, wenn sie erst gar nicht auf den Anruf wartet, sondern um 9 Uhr direkt von sich aus die Mutter anruft und fragt, was ihr heute schon passiert ist und wie es ihr geht?
Herr K.: Wie meinen Sie das?

Th1: Nun ja, daß sie auf diese Art selber bestimmt, wie der unvermeidliche Anruf aussieht und nicht ängstlich wie das Kaninchen vor der Schlange abwartet.
Herr K.: Ach so.
Th1: Meinen Sie, das könnte Sie schaffen?
Herr K.: Ich weiß nicht, das ist eine ganz neue Idee.
Th1: Was meinen Sie, könnten Sie sie dabei unterstützen?
Herr K.: Wie denn?
Th1: Indem Sie für Ihre Frau frischen Kaffee machen würden, so als eine Art Belohnung, den Sie gemeinsam nach dem Telefongespräch miteinander trinken?

Dieses Erfragen konkreter Abläufe in Verbindung mit Ideenangeboten für gegenseitige Unterstützung konnten die Knolls gerade in der Abgrenzung gegenüber der Mutter von Frau Knoll gut für sich nutzen. Herr Knoll machte weniger Druck, Frau Knoll war dadurch deutlich entlastet. Eine Stimmung, gemeinsame Schlachtpläne zu entwickeln, machte sich ansatzweise breit. Schwerer fiel es ihnen, eine gemeinsame Haltung zu Stefan zu finden. Vor allem der Vater zeigte starke Ängste vor jeglicher Veränderung seiner engen Bindung an den Sohn. Für die Therapie stellte sich die Frage, wie dieser hohe Angstpegel angemessen zu berücksichtigen ist, um nicht noch mehr Ängste aufkommen zu lassen, gleichzeitig aber einen Rahmen zu schaffen, der es dem Paar ermöglicht, neue Sichtweisen über die Rolle des Sohnes zu entwickeln. Wir entschlossen uns, Elemente des „Reflecting Team" in die Behandlung aufzunehmen. Hierbei handelt es sich um eine Weiterentwicklung des oben erwähnten „Teamsplitting", die bereits im 3. Kapitel näher beschrieben wurde:

> Th2 wendet sich an Th1: Ich frage mich eigentlich die ganze Zeit, wann in dieser Familie die Parole ausgegeben wurde „Kinder leben für ihre Eltern"? Frau Knoll meint, ihrer Mutter ihr Leben widmen zu müssen. Herr Knoll hat das, solange sein Vater lebte, auch so gemacht. Und Stefan macht das nun mit den Jobs, die er sich genommen hat gegenüber den Eltern, noch verstärkt. Er paßt nicht nur auf die Eltern auf, sondern kontrolliert sie sogar noch gegenüber ihren Ursprungsfamilien. Das Paket, das jeweils die Eltern da tragen, packt er sich auf den Wagen und fährt die Post aus.
> Th1: Das ist vielleicht etwas überzeichnet, aber Du meinst vielleicht, daß Eltern schon auch mal ärgerlich werden können, wenn sich die Kinder in solch einem Maße verantwortlich für die Eltern fühlen, daß sie sich auch manchmal eingeengt fühlen. Ich denke aber, daß sich Herr und Frau Knoll ein solches Gefühl zur Zeit noch nicht gestatten, weil sie womöglich denken, daß das undankbar sein könnte.
> Th2: Aber wenn ich das sehe, wie der Stefan am Wochenende die Eltern in seinen Kinderwagen packt und sagt: da und da fahren wir jetzt hin und die Oma nehmen wir auch mit, das finde ich eigentlich ganz schön dreist.
> Th1: Ich glaube das geht jetzt doch zu weit. Ich kann gut verstehen, daß Herr Knoll, wenn überhaupt ein wenig von diesem Gefühl bei ihm auftaucht, die Sorge um Stefan so im Vordergrund sieht, daß dafür noch kein Platz ist.

Nach einiger Zeit unterbrechen wir solche Dialoge und fragen die Klienten, ob sie damit etwas anfangen konnten. Wichtig ist, daß die Familie nicht mit einer „allwissenden" und damit „richtigen" Deutung konfrontiert wird, sondern mit Sichtweisen, die Therapeuten unter sich auch kontrovers behandeln. Dabei auftauchende neue Bewertungsmöglichkeiten der Abläufe und Beziehungsmuster brauchen Zeit, bis sie in die Selbsteinschätzungen einzelner Familienmitglieder Eingang finden. Herr Knoll griff nach drei Monaten die Metapher vom „Kinderwagen" wieder auf:

> ll: Also was Sie letztens gesagt haben mit dem Kinderwagen. Ich habe dem Stefan am letzten Wochenende klar gesagt: ‚wir lassen uns nicht mehr in deinen Kinderwagen setzen. Wenn du mit der Oma fahren willst, dann mach das. Mutter und ich haben etwas anderes vor.'

Ein solcher Abgrenzungsversuch bedeutet natürlich nicht, daß sich nun auf einmal die gesamte Beziehung zwischen Vater und Sohn verändert. Er trägt aber dazu bei, daß wenigstens ansatzweise ein Abstand möglich wird, der Raum schafft, sich selber mit eigenen Wünschen und Ängsten mehr wahrzunehmen. Allein der formale Rahmen als Paargespräch, aber auch die gemeinsamen Überlegungen und praktischen Erprobungen zwischen den Sitzungen trugen zu einer Lockerung der engen Verstrickung von Mutter und Großmutter einerseits und Stefan und Vater andererseits bei und betonten indirekt die gemeinsame Paarsituation der Eltern.

Das Ehepaar Knoll signalisierte uns in dieser Phase deutlich, daß sie sich mit dieser Hinwendung zu ihrer Zweierbeziehung überfordert fühlten. Herr Knoll berichtete, er habe ganz unabhängig von Stefan schlimme Träume, über die er aber nur allein mit uns sprechen könne. Frau Knoll fühlte sich dadurch keineswegs ausgeschlossen; sie unterstützte das Anliegen ihres Mannes und akzeptierte so auch seine Vorstellung, bestimmte Belastungen nicht mit ihr teilen zu können.

Als Familientherapeuten bestehen wir nicht darauf, daß immer alles in gemeinsamen Gesprächen besprochen werden muß. Wir verstanden die Anfrage von Herrn Knoll als Wunsch, Unterstützung für belastende lebensgeschichtliche Erfahrungen zu bekommen, die womöglich noch weit vor der Paarbildung mit seiner Frau lagen. Wir führten zwei Einzelgespräche mit ihm durch, die diese Vermutung bestätigten.

Er berichtete von immer wiederkehrenden Träumen, in denen er mit seinem Auto an einen Brückenpfeiler fuhr, seinen Tod aber weniger als Schrecken, sondern eher als eine Art Erlösung erlebte. Vor allem durch furchtbare Kriegserlebnisse war seine eigene Entwicklung als Heranwachsender im Alter von 17 Jahren schwer erschüttert worden. Für die Entwicklung einer tragfähigen männlichen Identität hatte ihm bereits sein Vater wenig Unterstützung geben können, der ihn seinerseits als Verbündeten gegenüber der dominanten und eher unzugänglichen Mutter brauchte. Die Erfahrung mit dem schwachen Vater, die gesellschaftliche Vermengung von Männlichkeit mit Aggression und Zerstörung im Krieg, all dies legte

Herrn Knoll eine ausgeprägte aggressive Hemmung und eine starke Scheu vor Frauen nahe. Indem er sich mit seinem Sohn identifizierte und ihn am liebsten vor allem bewahren wollte, gab er ihm die für ihn selbst immer noch unbeantwortete Frage nach der eigenen Männlichkeit als ungelöstes Rätsel auf.

Während dieser Einzelgespräche erfuhr Herr Knoll durch die Person des Therapeuten ansatzweise die männliche Unterstützung, die er sich von seinem Vater gewünscht hatte. In diesem Rahmen war es ihm auch möglich, auf die Frage nach seiner momentanen Befindlichkeit als Mann in der Beziehung zu seiner Frau einzugehen. Vorsichtig deutet er an, daß nach einer Totaloperation vor 11 Jahren, bei der seiner Frau Gebärmutter und Eierstöcke entfernt wurden, sexuelle Begegnungen eine immer geringer werdende Bedeutung in ihrem Eheleben bekommen hätten. Befragt, ob er sich vorstellen könnte, zu einem späteren Zeitpunkt mit unserer Hilfe mit seiner Frau über diese Belastung ins Gespräch zu kommen, stimmte er nach einigem Zögern zu.

Im folgenden Paargespräch berichtete Frau Knoll, daß sie ihren Mann deutlich entlastet und wesentlich entspannter erlebt hätte. Herr Knoll seinerseits vermutete, daß seine Frau ebenfalls von Einzelgesprächen profitieren könnte. Aktuelle Rücken- und Herzbeschwerden seiner Frau brachte er mit erneuten, verstärkten Ansprüchen und Forderungen der

Schwiegermutter in Verbindung, was Frau Knoll bestätigte.

Wir machen Frau Knoll den Vorschlag, zum nächsten Gespräch mit ihrer Mutter, aber ohne ihren Mann zu kommen. Nach unserer Erfahrung ist der Partner bei der Auseinandersetzung mit den eigenen Eltern, vor allem, wenn diese real mit einbezogen werden, eher hinderlich; er gehört schließlich nicht mit zu dieser Ursprungsfamilie. Die Idee, mit ihrer Mutter zu kommen, löste bei Frau Knoll eine Vielzahl von Befürchtungen aus: die Mutter könne sich überfordert und womöglich angeklagt und beschämt fühlen, und dieser Belastung in ihrem Alter nicht gewachsen sein. Diese Ängste entspringen einer tiefen Loyalität und dem Wunsch, die Eltern vor eigenen Vorwürfen zu schützen. Dabei wird aber die überaus große Hilfsbereitschaft gerade alter Eltern unterschätzt.

Nach einiger Bedenkzeit entschloß sich Frau Knoll, ihre Mutter zu fragen, die zu ihrem Erstaunen sofort bereit war, zur Therapie mitzukommen. Sie zeigte sich als rüstige und gewandte Gesprächspartnerin, die keinerlei Zweifel daran ließ, daß sie seit dem Tod ihres Mannes, der sie immer ganz liebevoll betreut hätte, am liebsten jeden Tag mit ihrer Tochter zusammen wäre, wenn der Schwiegersohn mit seinen Ansprüchen an seine Frau das nur zulassen würde. Auf die Idee, daß das ihrer Tochter auch unabhängig von ihrem Mann zuviel werden könnte, kam sie nicht.

Frau Knoll zeigte sich weitgehend unfähig, den unverblümten Forderungen ihrer Mutter etwas entgegenzusetzen. Verständlich wurde diese Haltung, als die Mutter berichtete, daß sie ihre eigene Mutter im Alter von sieben Jahren durch eine plötzliche Herzattacke verloren hatte. Sie zeigte sich als eine mutterlose Mutter, die selber nicht bemuttern kann, aber bemuttert werden will.

Gerade weil die Großmutter sich durch das Gespräch in keinster Weise aus dem Konzept bringen ließ, dämmerte es Frau Knoll im darauf folgenden Einzelgespräch, daß sie sich mit ihren unausgesprochenen Wünschen nach mehr Verständnis und Zuwendung von Seiten ihrer Mutter an dieser die Zähne ausbeißen würde. Der Therapeut gebrauchte zur Verdeutlichung eine recht drastische Metapher:

> Th2: Mir kommt es so vor, als wenn Sie versuchen würden, einen Ochsen zu melken. Sie schleppen immer mehr Heu heran und hoffen darauf, daß er irgendwann doch mal Milch gibt.
> (Frau Knoll konnte jetzt zum ersten Mal über ihre Situation mit ihrer Mutter lachen.)
> Th2: Nehmen wir mal an, Sie würden nicht mehr soviel Heu dahin fahren, Sie würden mehr für sich verbrauchen und ihrem Mann mehr Heu hinstellen, meinen Sie, der könnte was damit anfangen? Wäre das ok oder wäre es sehr ungewohnt, wenn sie beide mehr Heu zur Verfügung hätten?

In den folgenden Paargesprächen sprachen wir die von Herrn Knoll angedeuteten sexuellen Probleme der Eheleute an. Beide waren von medizinischer Seite auf die konkreten Folgen der Operation, vor allem nach der Entfernung der Eierstöcke (Störung des Hormonhaushaltes, Verringerung der Scheidenflüssigkeit, mögliche Schmerzen beim Verkehr) nicht vorbereitet worden. Sie hatten darüber auch kaum sprechen können und sich mehr und mehr voneinander zurückgezogen, sie mit Schuldgefühlen, er mit unterdrückten Wünschen. Stefan hatte übrigens zur gleichen Zeit bei einer Klassenfahrt ins Ausland die ersten Auffälligkeiten gezeigt. Vater beschäftigte sich dann in der Folge immer mehr mit dem Sohn.

Wir wissen nicht, ob es bei den Knolls zu einem zweiten Frühling gekommen ist. Sie zeigten sich aber deutlich entspannter und einander zugewandt. Sie drückten ihre Freude darüber aus, überhaupt wieder über diese Fragen ins Gespräch gekommen zu sein. Wir haben sie unsererseits gewarnt, nicht zu schnell zu viel zu erwarten, um dann womöglich umso enttäuschter zu sein.

Die Therapie mit der Familie Knoll bestand aus 24 Sitzungen in einem Zeitraum von $2^{1}/_{2}$ Jahren. Die dabei benutzten unterschiedlichen Settings (Familien-, Paar- und Einzelgespräche, Einbeziehung von Großmutter) zeigen, wie vielseitig Familientherapie sein kann und daß auch längere Verläufe neben eher kurzzeittherapeutischen Beratungen ihren wichtigen Stellenwert in unserer Arbeit haben.

Aber, mag mancher jetzt fragen, was ist eigentlich mit Stefan? Stefan hatte seine Eltern wiederholt gefragt, warum sie noch so lange Zeit zu uns kommen. Sie haben ihm geantwortet: „Weil es uns gut tut und wir etwas davon haben." Stefan gab indirekt auch eine Antwort. Er dehnte die Abstände für seine Wochenendheimfahrten ganz allmählich immer mehr aus und machte Pläne, ohne die Eltern in Urlaub zu fahren. Von einer weiteren Krise in seiner Entwicklung ist nichts bekannt.

– 8 –
Familien und Therapeuten sind nicht alleine: Die Helfer und ihre Institutionen

In den letzten Kapiteln haben wir einige Vorgehensweisen der Familientherapie auf möglichst einfache Art und Weise darzustellen versucht. Deshalb haben wir bestimmte Probleme, z.B. lebensbedrohliche Krisen oder Gewaltanwendung außer acht gelassen. Vor allem aber haben wir die Familientherapie so beschrieben, als seien die Familienmitglieder und die Therapeuten in einer Art luftleerem Raum miteinander beschäftigt.

Das ist aber nicht der Fall. Die meisten Familientherapeuten arbeiten nämlich in Kliniken, Beratungsstellen und anderen Institutionen. Der relativ aufwendige Rahmen mit Teamarbeit, Videoanlage usw. ist in einer Institution leichter zu verwirklichen als in der Privatpraxis. Nicht zuletzt deshalb ist die Familientherapie ursprünglich vor allem von Therapeuten entwickelt worden, die in Kliniken und Heimen gearbeitet haben.

Auch Kostengesichtspunkte spielen hier eine Rolle. Gerade weil sich die Krankenkassen noch weigern, Familien- oder Paartherapien in ihren Leistungskatalog aufzunehmen, ist die Bezahlung einer Familientherapie in der Privatpraxis für viele ein Problem.

Adressaten für Familienprobleme sind aber oft auch Institutionen, die Psychotherapie im engeren Sinne gar nicht anbieten. Viele Familien, die unter schweren Problemen und Belastungen leiden, kommen mit Institutionen wie Jugendämtern, Heimen, psychiatrischen Kliniken und Schulpsychologischen Diensten in Kontakt, die sich um spezielle Probleme kümmern. Auch wenn in diesen Einrichtungen Psychotherapeuten arbeiten, wird dort die Beziehung zu den Klienten in erster Linie über die Aufgabenstellung der Institution bestimmt.

Diese kann in der sozialen Kontrolle von Familien oder Jugendlichen bestehen oder in der Verwahrung von Menschen, die als gefährdet oder gefährlich eingestuft werden. Wenn Familientherapie innerhalb einer Institution angeboten wird, ist es deshalb nicht nur hilfreich, sondern auch notwendig, den institutionellen Auftrag als vorgegebenen Rahmen in die Gestaltung der Therapie einzubeziehen. Das fällt manchen Therapeuten schwer, die aufgrund einer individuumsbezogenen Ausbildung dazu neigen, sich ganz auf die Person ihrer Klienten und deren Lebensgeschichte, Vorstellungen und Gefühle zu konzentrieren und so zu tun, als könne man den sozialen Kontext mit dem Schließen der Tür zum Therapiezimmer ausblenden.

Die Notwendigkeit, den institutionellen Rahmen einzubeziehen, gilt für die ambulante Arbeit in Beratungsstellen wie für die Privatpraxis. Häufig suchen Familien eine solche Stelle auf, weil ihnen das von einer anderen Institution empfohlen, nahegelegt oder verordnet wurde. Die Therapeuten erhalten, ob sie wollen oder nicht, in diesen Situationen einen indirekten Auftrag von dritter Seite, „etwas mit der Familie zu machen".

So mag beispielsweise ein Jugendamt von einer Familie verlangen, eine Familientherapie zu machen, weil es die Kinder in der Familie durch Mißhandlung oder Vernachlässigung gefährdet sieht, verbunden mit der Drohung, anderenfalls die Kinder in einem Heim unterzubringen. In diesen Situationen ist oft die Angst vor einem solchen Eingriff größer als die eigene Bereitschaft, nach neuen Lösungsmöglichkeiten für die Familie zu suchen. Für die Therapie ist es daher von zentraler Bedeutung, neben den Problemdefinitionen und Therapieerwartungen der Familienmitglieder auch die Erwartungen der überweisenden Institution zu erfragen und im weiteren Verlauf zu berücksichtigen, um nicht mit plötzlichen Abbrüchen oder Krisen konfrontiert zu werden, die etwas mit einer Veränderung im institutionellen Umfeld zu tun haben können.

In manchen Fällen kann es nützlich sein, in Absprache mit der Familie einen Vertreter der überweisenden Einrichtungen zu einem gemeinsamen Gespräch einzuladen, um die unterschiedlichen Sichtweisen und Erwartungen zu klären und das weitere Vorgehen abzustimmen.

Komplizierter wird es, wenn mehrere Institutionen mit den Problemen einer bestimmten Familie befaßt sind. Dies ist häufig in Fällen von Gewalt in der Familie der Fall. Hier treffen nicht selten ganz unterschiedliche Problemdefinitionen, „Krankheitsmodelle" und Zukunftserwartungen aufeinander, die nicht unbedingt zu vereinbaren sind. Jugendamt, Sonderschule, Heilpädagogischer Kindergarten, Frühförderung, Sozialpädagogische Familienhilfe, Frauenhaus, Kinderkrankenhaus, Erziehungsberatungsstelle, Psychiatrie, Gesundheitsamt, Heime, Staatsanwaltschaft, Gericht, Justizvollzugsanstalt, Bewährungshilfe usw. haben ihre jeweiligen eigenen „Landkarten" von den Familienproblemen und entsprechende Vorstellungen, was als Lösung in Frage kommt. Dabei verschwinden oftmals die eigenen Ressourcen der Familie aus dem Blickfeld der Fachleute. In diesen Fällen führen wir sogenannte Helferkonferenzen durch, auf denen im Beisein, aber zumindest mit der Einwilligung der Familie, alle Helfer ihre Ideen und Vorstellungen austauschen können, um einen Mißerfolg nach dem Motto „Getrennt marschieren, gemeinsam scheitern" (J. Schweitzer) zu vermeiden.

Die Schwierigkeiten zwischen Familien und Institutionen werden aber nicht nur durch zahllose unterschiedliche Einrichtungen mit verschiedenen Spezialaufträgen gefördert. Auch umgekehrt tauchen die Familienprobleme nicht selten in der Gestalt von Kooperationsschwierigkeiten zwischen den beteiligten Institutionen auf. Man könnte auch sagen, die Familie überträgt die eigenen, offenen oder verborgenen Konflikte auf die Helfer.

Ein Beispiel dafür ist die Familie Gertz. Herr Gertz, 37 Jahre alt, ist dafür bekannt, daß er sehr schnell Gewalt anwendet, um seine Ziele durchzusetzen. So hat er bereits eine Haftstrafe wegen Körperverletzung verbüßt. Auch in seiner Ehe ist es häufiger zu Gewalttätigkeiten gegen seine Frau und die beiden Kinder gekommen. Frau Gertz, 32 Jahre, hat schon mehrere Male Zuflucht im Frauenhaus gesucht, ist aber immer wieder nach wenigen Tagen zu ihrem Mann zurückgekehrt. Der ständige Streit der beiden dreht sich um die Versorgung der Kinder sowie um die Ursprungsfamilien, die sich ständig in die Familie einmischen, besonders die Mutter von Frau Gertz. Andererseits unternehmen beide häufiger etwas gemeinsam, gehen tanzen oder besuchen Freunde, und lassen die Kinder, 4 und 5 Jahre alt, unbeaufsichtigt zu Hause.

Die Familie hat viele Kontakte zu Institutionen. Die meisten sind nicht freiwillig. Mit seinem Bewährungshelfer, den er wöchentlich besuchen muß, versteht sich Herr Gertz, der seinen Vater früh verloren hat, sehr gut. Der Bewährungshelfer, der Frau Gertz nur einmal kurz gesehen hat, gewinnt aus den Schilderungen seines Klienten den Eindruck, daß dieser viel ruhiger und weniger aggressiv sein könnte, wenn er von seiner Frau nicht ständig beruflich und als Mann entwertet würde und wenn seine Schwiegermutter sich nicht permanent in ihre Kindererziehung einmischen würde.

Frau Gertz wiederum hat in den vergangenen Jahren ein Vertrauensverhältnis zu ihrer Sozialarbeiterin beim Jugendamt gewonnen, die regelmäßig Hausbesuche macht, wenn Herr Gertz nicht zuhause ist. Die Sozialarbeiterin versucht, Frau Gertz zur Trennung von ihrem gewalttätigen Mann zu bewegen und bietet soziale und materielle Unterstützung an. Herr Gertz hat seiner Frau gedroht, daß er die Sozialarbeiterin die Treppe hinunterwerfen würde, wenn er sie in seiner Wohnung antreffe, was diese in ihrer Einschätzung der Lage bestätigt.

Die Kinder sind in einem sozialpädagogischen Kindergarten untergebracht, da sie eine besondere Förderung brauchen. Die Kindergärtnerinnen stehen im engen Kontakt mit der Mutter von Frau Gertz und sind überzeugt, daß die Kinder zuhause schlecht aufgehoben sind. Sie dringen darauf, daß den Eltern das Sorgerecht entzogen wird und die Kinder zur Großmutter kommen, die ihre Bereitschaft dazu betont. Da die Eltern sich im Kindergarten nicht blicken lassen, gibt es eine Konflikt zwischen dem Kindergarten und dem Jugendamt.

Wir können feststellen, daß die beteiligten Institutionen nie die ganze Familie sehen, sondern nur mit einem Ausschnitt zu tun haben, der ihre Sichtweise nachhaltig beeinflußt. Dabei finden sich die Konflikte in der Paarbeziehung plötzlich als Konflikte zwischen den Helfern wieder, die von Familie Gertz als Bündnispartner in Anspruch genommen werden. Klärende Gespräche zwischen dem Bewährungshelfer, der Sozialarbeiterin des Jugendamtes und dem Kindergarten sind kaum möglich, wenn es nicht gelingt, die hereingetragenen Konflikte der Familie zu erkennen, die damit verbundene Spaltung des Helfersystems zu überwinden und das ganze Familiensystem in seiner Beziehung zu den Institutionen zu betrachten.

Diese Spaltungsphänomene können natürlich auch innerhalb einer einzigen Institution auftauchen. Möglicherweise streiten sich in einem psychiatrischen Krankenhaus die Ärzte und das Pflegepersonal, wie konsequent oder nachgiebig ein Patient behandelt werden soll, greifen dabei die Konflikte der Eltern des Patienten auf, die sich über diese Frage schon seit Jahren streiten, und setzen sie auf der Station erneut in Szene.

Besonders häufig kann es zu Konflikten oder Kooperationsschwierigkeiten kommen, wenn innerhalb von Einrichtungen, die die stationäre Versorgung von Kindern, Jugendlichen, Erwachsenen oder alten Menschen zum Auftrag haben, eine familientherapeutisch arbeitende Abteilung gegründet wird. Es gibt hier einen naheliegenden Widerspruch: während die Einrichtung als Ganzes ihre Rechtfertigung (und ihre Einnahmen) darüber bezieht, daß ein einzelner Mensch ein Problem, Symptom oder auffälliges Verhalten „hat", versucht die Familientherapie, sich von solchen Krankheits- oder Störungsmodellen zu lösen und die ganze Familie in die Entwicklung von Lösungsmöglichkeiten einzubeziehen. Während z.B. die Familientherapeuten auf eine frühe Entlassung des Patienten hinarbeiten, um die Ressourcen der Familie anzuregen, legt vielleicht die Verwaltungsleitung der Klinik Wert auf eine längerfristige Belegung der Klinikbetten.

Für manche Familienmitglieder ist die Tatsache der stationären Unterbringung eines ihrer Angehörigen wiederum Beweis genug, daß es sich um ein individuelles Problem des Patienten handelt. Dahinter steckt oft die – nicht immer unbegründete – Angst, von den Familientherapeuten für das Problem des Patienten verantwortlich gemacht zu werden.

Wie wir sehen, handelt es sich um eine enge Wechselwirkung von institutionellen und familiären Sichtweisen, Aufträgen und Veränderungserwartungen, die die familientherapeutische Arbeit innerhalb oder außerhalb der Institutionen beeinflußt.

In den vergangenen Jahren hat diese Erkenntnis sich in neuen Theorien zur Familientherapie niedergeschlagen. Während man früher davon ausging, daß Familientherapeuten mit Familiensystemen arbeiten, „die ein Problem haben", wird heute in Frage gestellt, ob „die Familie" überhaupt das zentrale Bezugssystem für die Therapeuten sein muß. Viele Familientherapeuten nennen sich mittlerweile „Systemtherapeuten" und wollen damit zum Ausdruck bringen, daß ihr Anwendungsgebiet viel weiter gefaßt ist.

Ganz radikal kommt diese Veränderung im Konzept von Harold Goolishian, einem amerikanischen Therapeuten, zum Ausdruck, der nicht mehr davon ausgeht, daß „Systeme Probleme haben", sondern daß Systeme sich um Probleme herum bilden: sogenannte „Problemsysteme". An der Konstruktion eines Problemsystems sind alle diejenigen beteiligt, die über ein Problem sprechen oder auf andere Weise kommunizieren. Die Therapeuten versuchen deshalb, alle diejenigen, die ein solches Problemsystem herstellen und aufrechterhalten, an der Entwicklung von möglichen Lösungen zu beteiligen. Dies können die Helfer, Lehrer, Nachbarn oder andere Personen sein. Es scheint hierbei nicht einmal nötig, daß immer die gesamte Familie einbezogen wird, wenn eines der Familienmitglieder ein Problem zu haben scheint.

Dieses Vorgehen hat den Vorteil, daß auch die Schwierigkeiten in Institutionen, Organisationen, Vereinen, Betrieben usw., mit den Instrumenten und Methoden betrachtet werden können, die wir in diesem Buch vorgestellt haben. Institutionen unterscheiden sich zwar nachhaltig von Familien, u.a. weil sie die – mehr oder weniger notwendige – Bindung der Mitarbeiter an die Einrichtung und aneinander auf andere Art und Weise herstellen als die Familien, und weil die Mitgliedschaft in einer Institution zeitlich begrenzt, also kündbar ist. Dennoch sind beide soziale Systeme, in denen auftauchende Probleme als Ausdruck von verdeckten oder offenen Konflikten verstanden werden können.

Insofern kann man im übertragenen Sinne auch bei Institutionen von Symptomen sprechen, etwa wenn die ordnungsgemäße Abwicklung der Aufgaben der Einrichtung nicht mehr gewährleistet ist, Mitarbeiter miteinander nicht mehr sprechen, Abteilungen sich wechselseitig boykottieren oder sabotieren, Leitungsfunktionen, die für das Weiterbestehen der Organisation notwendig sind, nicht mehr ausgeübt werden usw. Die Folgen sind oft verheerend für den Bestand der Institution, vor allem dann, wenn Kooperationsprobleme wirtschaftliche Konsequenzen zur Folge haben (Rückgang der Produktion in Unternehmen, Ausbleiben von Klienten, Streichung von öffentlichen Zuschüssen etc.).

In diesen Situationen ist es nicht selten schwierig, aus eigener Kraft Problemlösungen zu finden, besonders dann, wenn die Institutionen so komplex sind, daß Schwierigkeiten nicht mehr auf einer persönlichen Ebene geklärt werden können. Diese Einrichtungen haben dann einen speziellen Beratungsbedarf. Im Bereich der psychosozialen Versorgung, wo der Profit nicht im Vordergrund steht, richten sich entsprechende Anfragen weniger an herkömmliche Unternehmensberater, sondern eher an organisationserfahrene Therapeuten oder Sozialwissenschaftler.

Allerdings ist der Beratungsbedarf der Beteiligten selbst nicht immer deutlich. So erhalten wir regelmäßig Anfragen von Beratungsstellen, Heimen oder Kliniken bzw. Klinikstationen, deren Mitarbeiter bei vermeintlich rein persönlichen Konflikten Hilfe von außen erbitten, in denen es um Feindschaft, Neid, Konkurrenz um Stellen und Gehaltsgruppen, mitunter auch um enttäuschte private Beziehungen geht. Das Motto lautet: „Wenn wir uns besser verstehen, wieder mehr Vertrauen zueinander fassen können, dann klappt auch die Zusammenarbeit wieder und die Qualität der Arbeit wird besser". Ein solcher Auftrag für den Institutionsberater hat Ähnlichkeit mit Erwartungen, die viele Familien im Erstgespräch äußern.

Es wäre aber ein Fehler, darauf ohne weiteres einzugehen. Stattdessen ist es hilfreich, sich den Arbeitsauftrag der Einrichtung und die organisatorischen, fachlichen und personellen Bedingungen der Auftragserfüllung in dieser Institution genau anzuschauen. Wir gehen nämlich umgekehrt davon aus, daß sich die persönliche Beziehung verbessern kann, wenn erst einmal auf der Arbeitsebene positive Erfahrungen in der Zusammenarbeit gemacht werden können, ohne daß man persönliche Zuneigung zu deren Voraussetzung erklärt. Oft haben gerade die heftigsten persönlichen Auseinandersetzungen die Funktion, schwerwiegende Mängel in der Arbeitsorganisation und in der Führung einer Einrichtung zu verbergen. Anstatt ein vernünftiges Besprechungssystem zu entwickeln oder zu klären, wie eine vorsichtige oder zu wenig durchsetzungsfähige Leitung im Interesse aller Mitarbeiter ihre Aufgabe entschiedener und durchsichtiger ausführen kann, werden in den Alltagskonflikten zwischen den Mitarbeitern emotionale „Nebelkerzen" geworfen.

Obwohl solche Konflikte oft als unerträglich kränkend erlebt werden, scheint es dem Beobachter so, als würde dadurch die noch schmerzhaftere Auseinandersetzung mit den unterschiedlichen Kompetenzen und Zuständigkeiten der Einzelnen erspart. Dahinter steckt meist die Furcht, den Mythos der Gleichheit aller aufgeben zu müssen, der sich besonders häufig in psychosozialen Einrichtungen findet. Diesem Mythos liegt die Vorstellung zugrunde, daß die Zusammenarbeit im Team weniger eine Organisations- bzw. Kooperationsaufgabe als eine Frage der persönlichen Beziehung zu sein hat, in der dann Kompetenzunterschiede und Machtgefälle als Kränkung erlebt werden.

Die Technik der Familientherapie, die wir vorgestellt haben, werden zunehmend auch im Bereich der Institutions- und Unternehmensberatung angewandt. Besonders die zirkuläre Fragetechnik ist dabei hervorragend geeignet, die Vernetzung der Mitarbeiter in der Einrichtung herauszuarbeiten, ihre Koalitions- und Bündnisstrategien sowie ihre eigenen „Landkarten" und Beziehungsmuster deutlich werden zu lassen, ohne gleich erneut in persönliche Vorwürfe zu verfallen. Oft sind Mitarbeiter überrascht, wenn sich herausstellt, daß die heftigsten Streithähne einen institutionellen Konflikt stellvertretend für ihre Kollegen unter großer Belastung auf ihre eigenen Schultern gepackt haben, oder streiten, um das – schwererwiegende – Problem einer schwachen Leitung nicht zum Vorschein kommen zu lassen.

Wie in der Familientherapie geht es bei der Organisationsberatung nicht darum, die Probleme als Eigenart des Einzelnen zu begreifen, sondern Zusammenhänge aufzudecken und Lösungen zu finden, die alle Beteiligten einbezieht. Dabei sollte eine systemische Organisationsberatung nach unserer Überzeugung drei Kriterien erfüllen. Erstens muß sie helfen, Lösungen zu erarbeiten, die wirtschaftlich machbar, d.h. im aktuellen ökonomischen Rahmen der Einrichtung umsetzbar sind. Zweitens müssen die Lösungen auch ethisch vertretbar sein. Einer Firma beispielsweise dabei zu helfen, ohne Rücksicht auf die Beschäftigten die Gewinne zu maximieren oder einen Umweltskandal zu vertuschen, entspricht nicht den Grundsätzen einer systemischen Beratung. Das dritte Kriterium ist die Arbeitsunzufriedenheit der Mitarbeiter. Eine rein organisatorische Lösung wie eine Neugliederung der Einrichtung, die nicht die Verbesserung des Arbeitsklimas und die Zufriedenheit der Mitarbeiter im Auge hat, muß scheitern.

Wir haben uns in diesem Kapitel ein wenig von der Familientherapie fortbewegt, um auch noch ein anderes praktisches Anwendungsgebiet zu streifen. Im nächsten Kapitel wird es um ganz praktische Fragen gehen, die möglichen Interessenten an die Familientherapie stellen werden.

– 9 –
Kosten, Kassen und Adressen

Wie wir gezeigt haben, stellt sich die systemische Therapie so flexibel auf die spezielle Situation der Klienten ein, daß diese keine besonderen Vorbedingungen erfüllen müssen.

Wer einen Familientherapeuten sucht, wird sehr schnell feststellen, daß es davon immer noch viel zu wenige gibt. Der gesamte Psychotherapiebereich ist von den Krankenkassen bisher sehr stiefmütterlich behandelt worden. Es gibt für Familien- oder Paartherapie keine sogenannte Abrechnungsziffer in der ärztlichen Gebührenordnung. Diese Art der Therapie wird weder von gesetzlichen noch privaten Krankenkassen bezahlt.

Institutionen, die besondere Verträge mit Kassen oder anderen Kostenträgern ausgehandelt haben, können dagegen Familientherapien abrechnen. Nicht zuletzt, weil sich Familientherapien aufgrund der Berufstätigkeit mancher Klienten oft erst nach regulären Dienstschlußzeiten durchführen lassen, sind die Institutionen meist auf ein zusätzliches Engagement der Therapeuten angewiesen.

Die Videoanlage, die Ausstattung mit zwei Räumen und der Einsatz von mindestens zwei qualifizierten Therapeuten sind sehr kostenintensiv. Nur wenige Familien können oder wollen dann den notwendigen Preis zahlen.

Man muß davon ausgehen, daß eine Sitzung von 50 Minuten Dauer in einem herkömmlichen einzeltherapeutischen Rahmen je nach regionaler Lage zwischen 80,– und 120,– DM kostet. Bezogen auf eine Familientherapiesitzung von 1,5 Stunden mit zwei Therapeuten muß man mit Kosten von ca. 300,– DM rechnen. Manche Therapeuten versuchen diesen Preis zu variieren, indem sie die Kosten nach dem Nettoeinkommen von Familien staffeln. Das führt dann dazu, daß Familien mit hohen Einkommen indirekt die Therapie von Familien mit wenig Geld subventionieren.

In der Regel werden Therapeuten versuchen, den Familien finanzielle Härten zu ersparen. Schwierig wird es jedoch, wenn Therapeuten Familientherapien durchführen, mit den Kassen aber Leistungen in einem anerkannten Verfahren abrechnen. Dabei kommt es zu wechselseitigen Abhängigkeiten zwischen Klienten und Therapeuten, die im Konfliktfall Bedeutung gewinnen können, weil beide Seiten ein nicht rechtmäßiges Bündnis miteinander eingegangen sind. Die Folgen dieser Abhängigkeiten sind bisher noch nicht offen diskutiert worden.

Den Kassen ist sehr wohl bekannt, daß eine Familientherapie mit zwölf, vielleicht auch sechzehn Sitzungen kostengünstiger ist als ein Klinikaufenthalt oder eine langwierige Einzeltherapie. In letzter Zeit haben wir vereinzelt die Erfahrung gemacht, daß Sachbearbeiter der Kassen diesen Kostenfaktor berücksichtigen und nach neuen Wegen der Finanzierung suchen. Hier ist also viel Eigeninitiative, auch der betroffenen Familien gefordert. Dennoch hängt eine allgemeine Kostenübernahme bei Familientherapie von politischen und ökonomischen Faktoren ab.

Die Verabschiedung eines seit Jahren überfälligen Psychotherapiegesetzes, das die Psychotherapie aus dem Behandlungsmonopol der Mediziner herauslöst, ist in der nächsten Zeit nicht zu erwarten. Die Gegner einer solchen Neuordnung befürchten eine Kostenexplosion im Bereich der Psychotherapie sowie eine Schwemme schlecht ausgebildeter Therapeuten.

Dagegen läßt sich anführen, daß die gesamte ambulante und stationäre Versorgung in Psychiatrie und Psychotherapie nur ca. 5% der gesamten Krankenkosten ausmachen. Die Übernahme aller bislang privat getragenen Therapiekosten durch die Kassen würde den Anteil an den Gesamtkosten auf nicht mehr als 6,5% erhöhen.

Für die Qualifikation der Anbieter von Psychotherapie gilt, daß die Klienten einen berechtigten Anspruch darauf haben, von gut ausgebildeten Therapeuten behandelt zu werden. Selbstverständlich gibt es auch in diesem Bereich wie überall Leute, die wenig von ihrem Handwerk verstehen. Es ist deshalb wichtig, zu differenzieren und nicht pauschal die Qualifikation von Familientherapeuten anzuzweifeln.

Einen guten Familientherapeuten kann man unseres Erachtens daran erkennen, daß er eine mehrjährige Ausbildung gemacht hat. Sie sollte aus drei Grundelementen bestehen:

- einer theoretischen Fundierung und Vermittlung von methodischem Vorgehen und Behandlungstechniken,
- einer gründlichen Selbsterfahrung, die die Auseinandersetzung mit der eigenen Familie und Herkunftsfamilie einschließt, sowie
- der praktischen Arbeit mit Familien unter Supervision.

Dafür braucht man Zeit, um sich mit zunächst fremden Denkansätzen beschäftigen zu können, sich selbst besser kennenzulernen und erst dann anwendungsorientiert mit Familien zu arbeiten.

Ein Familientherapeut sollte die theoretischen Arbeiten seines Fachgebietes so gut kennen, daß er sich bewußt für eine eigene Ausrichtung entscheiden kann, die der Entwicklung seines persönlichen Stils am ehesten entspricht.

In der Selbsterfahrung sollte er seine gelernten Muster und Reaktionsbereitschaften soweit kennenlernen, daß er sie reflektieren kann und nicht unbesehen in die therapeutische Arbeit hineinträgt. Er sollte Krisen gelassener angehen und ohne Rechtfertigungsdruck Kritik annehmen können, indem er sie auch als Übertragungsphänomen begreift.

In der Arbeit unter Supervision – der Kontrolle und Beratung durch einen erfahrenen Therapeuten – sollten die Elemente aus der Selbsterfahrung mit der Praxis gekoppelt werden. Der Therapeut sollte nicht aus dem Auge verlieren, daß er durch das, was er tut und wie er fragt, den Therapieprozeß entscheidend beeinflußt. Vieles, was bisher als Widerstand der Familie bezeichnet wurde, hat eher etwas mit der mangelnden Phantasie und fehlenden Selbstkritik der Therapeuten zu tun.

Einen guten Therapeuten erkennt man vielleicht auch daran, daß er nicht das Blaue vom Himmel verspricht. Interessanterweise zeigen mehrere Untersuchungen, daß die Erfolgs- bzw. Mißerfolgsquote unabhängig von der Therapieform entscheidend von abhängt, ob zwischen Therapeuten und Klienten eine tragfähige Beziehung besteht. Auch in der Familientherapie muß man mit Mißerfolgen rechnen.

Wenn wir Ihnen nun, nach Regionen geordnet, als erste Orientierungshilfe einige bekannte Institute nennen, stellt dies keine Güteliste dar. Die Institute setzen zum Teil sehr unterschiedliche theoretische und praktische Schwerpunkte in ihren Therapien und Weiterbildungen. Es bleibt daher Aufgabe der Interessenten, sich ein genaueres Bild dieser Institute zu verschaffen. Als übergreifender Dachverband wäre die bereits in den siebziger Jahren gegründete Deutsche Arbeitsgemeinschaft für Familientherapie (DAF) zu nennen. Sie verfügt über die wohl umfangreichste Kartei von Familientherapeuten und Schulen in Deutschland und kann jedem, der nach Ausbildung oder Therapie sucht, eine erste Orientierung geben.

DAF
Friedrichstraße 28, 6300 Gießen
Tel.: 06 41/7 02 24 77

Berliner Institut für Familientherapie (BIF)
Stallupöner Allee 29, 1000 Berlin 19
Tel.: 0 30/3 05 10 82

Institut für Systemische Studien (ISS)
Sophienallee 24, 2000 Hamburg 20
Tel.: 0 40/49 55 57

Institut für Systemische Therapiestudien
Friedrich-Naumann-Straße 9, 3550 Marburg
Tel.: 0 64 21/1 43 30

Institut für angewandte Psychoanalyse
Prof. Dr. Peter Fürstenau
Grafenberger Allee 265, 4000 Düsseldorf
Tel.: 02 11/66 17 14

Arbeitsgemeinschaft für psychoanalytisch-systemische
Familien- und Sozialtherapie e.V. (APF)
c/o Tom Levold
Friesenplatz 23, 5000 Köln 1
Tel.: 02 21/52 59 50

Intern. Gesellschaft f. Systemische Therapie (IGST)
Kussmaulstraße 10, 6900 Heidelberg
Tel.: 0 62 21/4 91 13

Institut für Familientherapie
Zeisselstraße 11, 6000 Frankfurt
Tel.: 0 69/55 18 80

Institut für Familientherapie
Buchenweg 7, 6940 Weinheim
Tel.: 0 62 01/6 59 52

Familienberatungs- und Behandlungsstelle
Christian-Belser-Straße 75a, 7000 Stuttgart
Tel.: 07 11/68 10 06

Literaturempfehlungen

Die Veröffentlichungen zur Familientherapie sind in den letzten 10 Jahren zu einer auch für den Fachmann unüberschaubaren Flut angewachsen. Wir haben bewußt eine sehr kleine, subjektive Auswahl getroffen. Es sind Bücher, von denen wir meinen, daß sie einen besonders anschaulichen und anregenden Einblick in diese Therapieform ermöglichen. Dabei unterscheiden sich die Verfasser in ihren Konzepten und praktischen Vorgehensweisen teilweise erheblich. Dadurch wird aber die Spannweite der Sichtweisen und Strategien in den verschiedenen Anwendungsfeldern der Familientherapie deutlich.

Wer nach der Lektüre dieses kleinen Einführungsbuches Lust hat, die von uns vorgestellten Ansätze und Vorgehensweisen intensiver kennenzulernen, ohne gleich durch große Theoriegebäude und Fachjargon abgeschreckt zu werden, dem sei als Anschlußlektüre empfohlen:

Gunthard Weber/Helm Stierlin: In Liebe entzweit. Die Heidelberger Familientherapie der Magersucht. Reinbek 1989 (Rowohlt), 290 S.

Die Autoren gehören zu den renommiertesten Vertretern der Familientherapie im deutschsprachigen Raum. Sie vermitteln nicht nur einen spannenden

Einblick in das familiendynamische Verständnis der Magersucht, sondern erläutern gleichzeitig die Grundprinzipien systemischer Therapie so anschaulich und auf der Höhe des derzeitigen Forschungsstandes, daß daraus das beste Einführungslehrbuch geworden ist, das unseres Erachtens auf dem Markt ist.

Im Detail Familientherapeuten bei ihrer Arbeit auf die Finger schauen – oder besser, auf den Mund, diese Gelegenheit bietet in besonders faszinierender Weise das Buch von

> Luigi Boscolo / Gianfranco Cecchin / Lynn Hoffman / Peggy Penn: Familientherapie – Systemtherapie. Das Mailänder Modell,
> Dortmund 1988 (Verlag Modernes Lernen), 422 S.

Die beiden mittlerweile weltberühmten italienischen Therapeuten diskutieren mit ihren nicht minder bekannten amerikanischen Kolleginnen ausführlich und gründlich wörtliche Gesprächsprotokolle familientherapeutischer Sitzungen.

Wer nach soviel Anschaulichkeit nun doch das Bedürfnis nach Theorie verspürt, greift zu dem Standardwerk von

> Lynn Hoffmann: Grundlagen der Familientherapie.
> Hamburg 1982 (ISKO-Press), 376 S.

Hier findet der Interessierte alle wesentlichen Denkmodelle und Forschungrichtungen, die in der Geschichte der Familientherapie eine Rolle gespielt haben, lernt die wichtigsten Vertreter einzelner Schulen und ihre spezifischen Beiträge kennen, die immer wieder miteinander in Beziehung gesetzt und kontrovers diskutiert werden. Leider läßt die Übersetzung und redaktionelle Gestaltung etwas zu wünschen übrig.

Aus den Klassikern der Familientherapie wollen wir einen hervorheben, der für das tiefere Verständnis familiärer Beziehungen in einem mehrgenerationalen Zusammenhang einen bedeutsamen Beitrag geleistet hat:

Ivan Boszormenyi-Nagy / Geraldine M. Spark:
Unsichtbare Bindungen. Die Dynamik familiärer Systeme
Stuttgart 1981 (Klett-Cotta), 426 S.

Boszormenyi-Nagy ist der Vater des Loyalitätskonzeptes innerfamiliärer Verpflichtungen. Auch wenn diese bewußt ethische Orientierung derzeit eher aus der Mode und streckenweise allzu normativ erscheint, gehört sie zu unserem Hintergrundverständnis für eine systemtherapeutische Arbeit, die sich einer technischen Verflachung entziehen will.

Besondere Erfahrungen mit dem mehrgenerationalen Ansatz im deutschsprachigen Raum hat das Team der Göttinger Universiät, dem auch Hans Georgi einmal angehörte:

Eckhard Sperling / Almuth Massing / Günter Reich / Hans Georgi / Elke Wöbbe-Mönks: Die Mehrgenerationen-Familientherapie,
Göttingen 1982 (Vandenhoeck & Ruprecht), 208 S.

Die therapeutische Arbeit mit drei Generationen wird hier in ein recht komplexes historisches, psychoanalytisches und gesellschaftliches Verständnis vom Familienleben eingebettet und an vielen Fallbeispielen erläutert.

Von den mannigfachen speziellen Problembereichen, für die Familientherapeuten besondere Lösungsansätze entwickelt haben, wollen wir zwei auswählen:

Jay Haley: Ablösungsprobleme Jugendlicher. Familientherapie – Beispiele – Lösungen,
München 1981 (Pfeiffer), 324 S.

John H. Weakland / John J. Herr: Beratung älterer Menschen und ihrer Familien. Die Praxis der angewandten Gerontologie,
Bern 1984 (Hans Huber), 322 S.

Beide Bücher sind sehr verständlich geschrieben. Haley, ein Altmeister der Familientherapie, zeigt seine sehr handfesten, praktisch zupackenden Formen der Unterstützung der Eltern, die sich mit der Ablösung bzw. dem Nicht-loslassen-können eines irgendwie auffällig gewordenen Heranwachsenden herumschlagen. Im Unterschied zu dieser stark auf konkrete Verhaltensänderungen angelegten Vorgehensweise laden Weakland und Herr eher zu einem reflexiven, mit indirekten Denkanstößen und Umdeutungen arbeitenden Stil ein, der nicht nur für die Beratung älterer Menschen plausibel erscheint.

Schließlich möchten wir noch auf die drei führenden Fachzeitschriften im deutschsprachigen Raum hinweisen:

Familiendynamik – Interdisziplinäre Zeitschrift für systemorientierte Praxis und Forschung, herausgegeben von Helm Stierlin und Josef Duss-von Werdt, Stuttgart, Klett-Cotta-Verlag, 4 Hefte pro Jahr,

ist die älteste Zeitschrift mit dem höchsten Verbreitungsgrad und bietet einen guten aktuellen Überblick.

Zeitschrift für systemische Therapie, herausgegeben von Jürgen Hargens,
Verlag Modernes Lernen, Dortmund, 4 Hefte pro Jahr,

zeigt sich sehr experimentierfreudig in Umgang mit neueren systemtheoretischen Modellen und Vorgehensweisen und bietet viel Raum für kontroverse Diskussionen.

> System Familie – Forschung und Therapie, Herausgegeben von Ewald J. Brunner und Ludwig Reiter, Heidelberg, Springer Verlag, 4 Hefte pro Jahr.

ist – von wenigen therapeutischen Beiträgen abgesehen – eher forschungsorientiert auf den universitären Bereich bezogen und bietet eine große Spannweite unterschiedlicher Ansätze.

Therapieverfahren unserer Zeit

In dieser Reihe
sind bislang erschienen:

Gestalttherapie
Transaktionsanalyse
Familientherapie
Verhaltenstherapie
Rebirthing
Neurolinguistisches
Programmieren
Gesprächspsychotherapie
Rolfing

Jeder Band kostet DM 16,80
und hat 124 Seiten

Weitere Bücher aus unserem Ratgeber-Programm

Unseren ausführlichen Prospekt erhalten Sie bei:
PAL Verlagsgesellschaft; Am Oberen Luisenpark 33;
6800 Mannheim